社長、事業戦略より

人材戦略を優先してください！

KP PARTNERS

みらいコンサルティンググループ
代表取締役　岡田烈司
人事コンサルタント　藤崎和彦

かんき出版

はじめに

未来貢献型人材が御社の未来を創る

企業経営において、注目すべきコンセプトが2つあると考えています。
ひとつは、企業経営を取り巻く環境のあり様に関するコンセプト〝ＶＵＣＡ（ブーカ）〟。そしてもうひとつが、ＳＤＧｓやＥＳＧを背景として社会貢献性を事業活動に盛り込み、それをどう達成していくかを内外に明示し、実践していくコンセプト〝パーパス経営〟です。
ＶＵＣＡとは、
変動性（Volatility）が激しく、
不確実（Uncertainty）なことが多く、

物事の因果関係などに関して複雑性（Complexity）が増し、物事の道筋があいまい（Ambiguity）である状況。

要は〝一寸先は闇〟、企業経営においても、過去の成功法則が未来の成功を約束してくれない時代だということです。


そしてSDGs、ESGはいまさら説明するまでもないことですが、今日の企業経営において、必要不可欠の要素となりました。SDGsはSustainable Development Goals＝持続可能な開発目標、ESGとは環境（Environment）、社会（Social）、ガバナンス（Governance）という視点のことで、それらを重視した振る舞いが企業としてできているかどうかが重要になっています。

どんなにすばらしい製品・商品をつくっても、そのために著しく環境を破壊し、そのことを顧みない事業のあり様は、やがて市場から淘汰されるリスクを高めます。昨今よくいわれる「エシカル消費」は、まさにそのことを消費者が体現したものです。

これからの企業経営は、社会性・社会貢献性を内外に発信し、その実現に向けて、経営資源をオーケストレーションしなければなりません。

しかし現実問題として、ＶＵＣＡの時代といわれる変化の激しい経営環境下にあって、社長ひとりの力で、社会貢献性を軸にしたパーパス経営をサステナブルに実行し続けることは、とても難しいといわざるを得ません。

社長業は、意思決定し続ける仕事です。中小企業ではとくにその傾向が強く、すべての面で社長がキーパーソンであるために、意思決定の重責がのしかかります。誰にも頼れず、誰にも相談できず、孤独な状況の中で、その重責と戦っているのが中小企業の社長です。

社長が担う重責の一部を部下に任せようにも、仕事に関する意思決定の視野・視座・視点が異なっているために、安心して任せることができない。そのため、孤独の中でやむなく社長が自分ひとりで様々な意思決定を行っているというのが、実情なのではないでしょうか。

たとえば、社長は10年後のグローバルな競争環境を考えて、いまから準備して競争に勝てるような優秀な人材を確保・育成するために人事制度を改革しようと考えたとします。社長が見ているのは10年後であり、グローバル市場であり、そのための施策という視座であり、視点です。

しかし社員の多くは、いま現在の国内市場での順調な成長に甘んじていて、10年後のグローバル市場における危機感は皆無に等しいといえるかもしれません。場合によっては、人事制度が大きく変わったら評価基準も変わり、自分の給料が下がるのでないかと考えて、人事制度改革を嫌がるという構図が生まれることも考えられます。

社員の視座・視点は、いま現在であり、自分の処遇です。ここに問題があります。

では、どうすれば、この問題を打破できるのか。

その答えは実にシンプルです。「人」「人材」、それも「未来貢献型人材」です。

未来貢献型人材とは、前段で触れたようなVUCAという時代背景の中でも、サステナブルにパーパス経営の実現に寄与し得る人材です。

会社が目指す未来に共感し、時代の変化に対応した新事業を起こしたり、新製品を生み出したり、これらに積極的に関わることができる人材です。

社長と同じ方向性の視野・視座・視点をもって、与えられた役割の中で、社長の意思決定を補佐できる人材です。

つまり、未来貢献型人材の育成こそが、会社の安定的で継続的な成長のための、最大の武器になるものなのです。

かれらは旺盛なチャレンジ精神をもって、様々な困難にも果敢にぶつかっていきます。1回や2回失敗しても諦めません。失敗の原因を他人や環境のせいにしたりもしません。常に自責思考で自身の欠点を補い、長所を伸ばす努力に余念がありません。

「そんな人材がいたら、本当に助かるな」と思った社長、あなたの会社には、未来貢献型人材はいますでしょうか?

「いない」とお考えになった社長、そんなことはありません。社長の会社にもいるはずです。ただ能力開発されていないし、未来貢献への取り組みを評価する仕組みもないので気づかないだけです。

社長は事業戦略、事業計画に強くコミットしているでしょう。でも、事業は人が創るもの。緻密な事業計画を策定したにも関わらず、それを達成できない会社が多いのは、計画をやり遂げる人材が不足しているからです。

社長、事業戦略よりも、人材戦略を優先してください。

誰もが未来貢献型人材になり得る素養をもっています。それを開花させられるかどうかは会社の仕組みであり、社長自身の社員、人材へのコミットメントの問題です。


本書は、未来貢献型人材を採用し、育成し、会社の未来に貢献してもらうための、会社としての取り組みや仕組みについて取り上げています。

未来貢献型人材を創るための要諦を実践していただければ、混とんとした時代であっても、明るい未来を創造することは可能です。

ぜひ本書を参考にしていただき、会社の未来を豊かなものにしてください。

２０２３年12月

みらいコンサルティンググループ　岡田　烈司
藤崎　和彦

社長、事業戦略より
人材戦略を
優先してください!

目次

第2章

これから求められる「未来貢献型人材」とは？

第3章

「未来貢献型人材」を育成する仕組みをつくる

編集協力＝小澤浩之
装幀・本文DTP＝石澤義裕
本文デザイン＝松好那名（matt's work）

第 1 章

人材にまつわる経営環境は激変している

1

中小企業こそ取り組むべき「人的資本経営」

■人の成長に関わる部分に積極的に取り組む

もともと企業に必要な経営資源は、「ヒト・モノ・カネ」の3つが挙げられ、その中のひとつである「ヒト」という経営資源をどう活用するかを体系化したものが、これまでの人材管理に関する考え方、「人的資源管理」でした。

しかし昨今では、人的〝資源〟ではなく、人的〝資本〟とする考え方が主流になってきました。資源とは、利用可能な物質や有用物のことで、石油や天然ガスが資源といえばイメージしやすいでしょう。これに対して、資本とは、新しい価値を生み出すための元手です。会社設立時の資本金が、文字通り、売上・利益を生み出すための元手となるものです。

人的資源というコンセプトは、人を資源と考えるので、いかに効率的・効果的に利用するかという視点になります。しかし、人を資本と考える人的資本は、人は、事業を通じて付加価値を生み出すための元手と考えます。資源は、利活用することで減っていくイメージですが、資本はうまく運用すれば増えていくイメージです。

人材の育成・能力開発を積極的に実施し、そのもてる能力を最大限に引き出し、生産性を高めることにつなげる。人材という重要資本に会社はもっと投資すべきだという考えです。

そのためには、教育研修を充実させたり、労働環境を整えたりといった施策も必要となります。人の成長に関わる部分に積極的に取り組むことが人的資本経営であり、今日の企業経営においては、人的資源管理から人的資本経営に大きくパラダイムシフトしているのです。

■中小企業は人材投資に時間をかけられていない

しかし、現時点での傾向としては、中小企業は人材になかなか投資できていません。長い目で人材育成することよりも、今日の売上と利益の獲得を重視してしまいがちです。

社長の関心事は資金繰り、今月の営業成績など、財務面と営業面が重視され、人材のために投資する社長自身の時間も、採用や教育研修などに費やすお金も、決して十分とはいえません。

しかし、VUCAといわれる時代においては、人材へ投資ができているかどうかで、企業の優勝劣敗が決まるようになっていきます。

中小企業といえども、社長をはじめとする経営層が中心になって、人材投資に積極的に取り組み、人的資本経営を実践すべきなのです。

■中小企業ならではの人的資本経営を目指す

経営者の方にこういう話をすると、「人的資本経営を実践できるのは、大企業だけでしょ」という意見や、「上場企業が、有価証券報告書に書くためにやることだ」といった意見が出ることがよくあります。

しかし、決して大企業だけの問題ではありません。いまのような時代においては、どんな会社であっても、人材を軸にした経営を志向する必要があるのです。

冒頭で述べたように、経営の3大資源といえば、「ヒト・モノ・カネ」でした。しかし、モノもカネもヒトが活用することではじめて資源になるわけで、昨今では、経営資源というと「ヒト・ヒト・ヒト」なのです。

もちろん、大企業が実践する人的資本経営を、中小企業が真似る必要はありません。

たとえば、大企業では女性管理職の割合をどうするかとか、教育研修費にどれだけ予算をとっているかといった数値を開示するケースもありますが、それをそのまま中小企業が実施することが有効かどうかは一概にはいえません。

女性の活躍の場をつくることはもちろん大切ですが、業種によっては取り組みにくい会社もあるはずです。女性管理職を増やすことが難しいなら、もっと違うやり方で人的資本経営をすればいいのです。

たとえば、柔軟な労働環境を整備するといったことも人的資本経営のひとつの施策として有効です。フレックスタイム制度や在宅勤務といった、ワーク・ライフ・バランスに配慮した制度を導入すれば、社員のモチベーションアップにつながります。もちろん、〝働きやすい会社〟といった評価を得られれば、人材獲得にもプラスに影響するでしょう。

その他、社員のスキルアップのための教育研修の実施・強化や、ダイバーシティの実現を目指した採用プロセスの見直し、ダイバーシティを実践するための企業風土変革への取り組みも必要になるかもしれません。

いずれにしろ、こうした取り組みを、できる範囲で実践していくことが肝要です。最初から高いレベルの人的資本経営を実践しようと考える必要はないのです。

ただし、肝に銘じていただきたいのは、中小企業では、ひとりの人材が業務や周りの人材に及ぼす影響力が、大企業に比べれば圧倒的に大きくなるということです。社員数5000人の中のひとりと、社員数50人の中のひとりでは、そのひとりが及ぼす影響度合いが大きくなることは、容易に想像できます。だからこそ、中小企業こそ、人材を重視する経営が不可欠なのです。

「人事評価制度を再構築したり、教育研修を実施したり、そうした人事政策に投資できるのは、会社が成長しているから（業績がいいから）」と思われるかもしれませんが、これはむしろ逆です。

全体的には人事労務コンサルティングのお客さまは業績のよい会社が多い傾向にはあります。しかしそれは人事評価制度を見直したり、教育研修を強化するなど、意識的に人材投資をしている会社だから、業績がよくなって成長できているのです。

とくに中小企業の場合には、社長が人材管理に積極的に取り組もうという姿勢の会社は、人事評価制度を新たに導入したり、あるいは見直すといったことを実践されています。人材を重視しているからこそ、コンサルティング会社を利用してでも、よりよい制度設計を行うことに余念がないのです。

ちなみに２０２２年の『中小企業白書』に、「人事評価制度を導入している会社のほうが売上伸び率が高い」というデータが出ています。まさに、そうした人的資本経営を実践している中小企業が成長しているのであって、その逆ではないのです。

2

VUCAの時代に求められる人材像

■今日の当たり前が明日には当たり前でなくなる

「はじめに」でもお話ししたように、VUCAの時代はひとつのビジネスに多面的な要素が複雑に絡まり合うようになり、ひとつの要因だけで何かを説明することが難しくなりました。

昨日までの成功体験は、明日の成功を約束してくれることはなく、変化のスピードも、これまでにはないほどに速まっているという時代。ほんの数年前までは、AIが進化すると単純労働はなくなり、知的労働だけが人間に残されるといわれていましたが、生成AIの登場により、昨今ではむしろ知的労働が不要になるのではないかといわれています。

それほどに時代の変化は激しく、未来の予測は難しくなっているのです。

わたしたち「みらいコンサルティング」のような、いわゆる士業コンサルティング事業の分野においても、大きな波が押し寄せてきています。

たとえば税理士が担っている企業からの委託による会計書類の作成や税務関係書類の作成などは、かつては高度な専門性が求められている分野でもあり、税理士・公認会計士などの独壇場でした。

しかし昨今では、DX（デジタル・トランスフォーメーション）の進展で、比較的簡易なアプリケーションソフトを使えば業務の一部は代替されてしまうといったことが現実に起き始めています。テクノロジーの進展が、士業の専門業務という当たり前を覆してしまっているのです。

「この仕事は明日もあるだろう」と思っていたものが、明日になってみたらなくなっていたということにもなりかねません。これが、VUCAの時代の恐ろしさといえます。

加えて、地政学的なリスクも不確実性を増す一方です。ロシアによるウクライナ侵攻や、中国と台湾の関係性の状況変化によっては、海外とのネットワークをベースとしたサプライチェーンがいままで通りには機能しなくなるという事態も起こり得ます。

今後、企業としては、こうした様々な環境の変化と、そのスピードの速さを前提とした経営の舵取りをする必要に迫られます。

先を見通すための努力を続けつつ、環境の変化をいち早く察知して、しかるべき対応を講じることのできる柔軟性と、臨機応変な対応力をも兼ね備えることが欠かせない時代になっているということです。

わたしたちのお客さまである、あるホテル運営会社の財務担当取締役の方は、「昨今では、5か年の事業計画を作成すること自体に意味が薄れつつある」とおっしゃっていました。5年後に社会がどうなっているのか、その未来を予測することは難しく、それよりも1年1年の計画をきちんと作成し、その達成を目指すことが大事だというのです。

もちろん、ここ数年はコロナ禍の影響もあり、とくにホテル業界などは1年先すらも見通すことが難しい状況だったことでしょう。

バックキャスティング方式で、たとえば「わが社は5年後、こうなっていたい」という〝あるべき姿〟を構築し、そこからの逆算で、いつまでに何をやっておくべきかを事業計画に落とし込んでいくことはとても重要です。

その事業計画を策定する時点で、わからないながらも、ある程度は環境変化を予測・予見しつつ計画に盛り込むことになります。ある程度の予測・予見がないと、計画がつくれません。

そして、計画に沿って事業を展開していく中で、予想以上に環境が変化してしまい、事業実態と計画とが大きく乖離してしまったときに、そのギャップをきちんと分析・確認して、必要な打ち手を迅速に繰り出す。あるいは計画の遂行過程そのものを環境変化に応じて変更していくという臨機応変さ、経営の柔軟性が求められているのです。

その遂行を実効性のあるものにするためには、予測不能な未来に対する臨機応変さや柔軟性をもった未来貢献型人材が不可欠であるということを認識しておくことが重要になってきているのです。

3

「生産年齢人口の減少」が採用戦略の転換を余儀なくする

■採用人数が少ない中小企業こそ深刻度が高い

日本の少子高齢化は深刻な状況にあります。総人口は2008年をピークに減少傾向となっており、国立社会保障・人口問題研究所が発表している「日本の将来推計人口」によると、2030年には1億1662万人、2060年には8674万人にまで減少すると推計されています。

総人口が減れば、当然、生産年齢人口も減ってしまいます。同「日本の将来推計人口」の生産年齢人口の推計によると、2040年には6213万人となり、2060年には5078万人にまで減ってしまうとなっています。2010年を100とした場合の2060年時点の生産年齢人口の減少割合は、実に38％もの減少になってしまうという推計です。

こうした危機的な人口減少の中ですから、中小企業が人材を確保することも非常に難しくなっていくことは容易に想像できます。

日本の生産年齢人口が減っていくという実情は、大企業も中小企業も変わりません。しかし、人材採用という面で見ると、大量採用が前提となる大企業と、少人数採用が前提となる中小企業では、受けるインパクトは異なります。当然、中小企業のほうがインパクトは大きくなります。

100人採用の募集枠をもつ大企業には数千人単位の応募があります。少子高齢化（生産年齢人口の減少）という人口動態の変化があったとしても、数千人の応募が1000人程度に減ってしまうという程度のインパクトであるならば、「1000人の中から100人を選ぶ」というだけのことです。

しかし採用枠が1桁の中小企業では、ややもすると応募者がひとりもこないという事態すら覚悟しなければならない時代が来るかもしれません。

もともとの採用人数が少ない中小企業のほうが、人材不足の深刻度は高い、インパクトは大きくなってしまうのです。

■「採用＋人材育成」で人材の付加価値を高める

採用市場、とくに新卒採用の市場は、経済状況を反映して「買い手市場」「売り手市場」が交互に出現していました。２０００年以降を見ても、01～06年頃まではＩＴバブル崩壊による景気低迷期ということもあり、いわゆる買い手市場傾向でした。その後の06～08年頃までは景気回復期に入ったために、企業側の採用意欲が旺盛になり、売り手市場傾向の様相を呈していました。そして08年9月のリーマンショックの影響を受けて、それ以降は景気後退局面となり、09～11年頃にかけては、企業の採用枠が減少に転じて、再び買い手市場傾向となりました。

２０１１年には東日本大震災が発生した関係もあり、採用市場も短期的には不安定な状況となりましたが、大きな流れでいえば、12年以降は人口減少・少子高齢化などを背景として、求職者に有利な状況（売り手市場傾向）が、現在まで続いています。

単に景気変動の影響ということでなく、人口動態の変化という根源的な問題に起因する売り手市場だとするならば、この先も当面は売り手市場、すなわち企業が人を採用しづらい状況が続くことになるでしょう。

そうした中で、なにがなんでも必要な人数を採用するという採用戦略では立ち行かない中小企業が増えてくると思われます。戦略の転換が必要となるのは間違いありません。

たとえば「採用人員は少なめに設定して、育成によって大きな付加価値を生む人財に育て上げる」という人事戦略もそのひとつです。

採用数を減らして、入社後に育成していくとなれば、そもそも採用時に、より慎重さが求められます。せっかく採用したのに、簡単に辞められてしまうようなことがあれば、その損失は計りしれません。

経験値的に、ある程度の離職者の発生を予見できるとしても、そもそも採用数を絞っているわけですから、ひとり辞められるだけで仕事が滞るような事態にならないとも限りません。

そうした事態を招かないためには、採用基準の中に、「自社のパーパスに対する共感度」を盛り込み、会社のパーパスに対する共感度の高い人材を積極的に採用することで、離職者の発生リスクを低減させることができます。

「はじめに」で触れたパーパス経営。なぜパーパス経営がいま叫ばれているのか、人材管理とどう関係してくるのかについて、次ページから詳しく見ていきましょう。

4

「MVV」から若い世代ほどこだわる「パーパス」経営へ

■パーパス経営という新しい経営コンセプト

パーパス（Purpose）とは、直訳すると「目的」とか「目標」といった意味ですが、パーパス経営においては、「（会社の）存在価値」とか「存在意義」などと意訳されることが多いようです。

要は「わが社は、どんな社会貢献をするために存在するのか」ということを明文化して対外的に発信するための指針のようなものです。

２０１８年、アメリカの大手投資運用会社ブラックロックのラリー・フィンク会長兼ＣＥＯがパーパスの重要性を提唱したのがきっかけとなり、近年、注目度が高まっている比較的新しい経営コンセプトです。

なぜパーパス経営が注目されているのかといえば、それはここ10年の潮流であるＳ

DGsやESGの世界的な普及・浸透と無縁ではありません。

現代社会は、自社の利益だけを追求していればよいという時代ではなく、持続可能な社会の維持・発展に寄与し得るような、環境への取り組みや、社会課題への取り組みを事業活動の中に盛り込まなければなりません。

そのため企業としては、「どんな貢献をするのか」ということを、きちんと対外的に発信する必要があるのです。そしてそれは、同時に社内へも発信されるべきものです。

■経営理念やミッションとパーパスの違い

以前から企業理念、経営理念といったものや、MVV（ミッション・ビジョン・バリュー）を定義し、内外に発信している企業は多くあります。

こうした企業理念や経営理念、あるいはMVVと、パーパスはどう違うのでしょうか。

どちらも、会社が進むべき方向性を示すものであるという点では共通ですが、端的に違いを示すと次の通りになります。

経営理念は「会社（自分たち）がどうありたいか（どうなりたいか）」を明らかにすることに主眼があります。一方のパーパスは「社会（相手）をどうしたいか」を明らかにすることに主眼があるということになります。

自社の事業を通じて、どのような社会貢献、あるいは社会課題の解決を目指すのか、それを明文化したものがパーパス経営における「パーパス（Purpose）」で、そこに書かれた社会貢献を果たすこと自体が、その会社の存在意義です。

御社が掲げている経営理念に、果たすべき社会貢献、もしくは社会課題の解決について触れられていないなら、経営理念をもとに、パーパスを策定することをお勧めします。

たとえば、ある半導体メーカーA社が、「高品質な半導体を、継続的かつ安定的に市場に提供することで、ＩｏＴ家電の普及を促進するとともに、半導体メーカーとして世界市場でのナンバーワンシェアを目指します」という経営理念を掲げていたとします。

提供サービスは「半導体製造」であり、製品の優位性は品質が高いことです。そして、その「高品質な半導体の提供」を通じて実現したい会社のミッション（使命）が、「ＩｏＴ家電の普及を促進する」ことです。

この経営理念（ミッションステートメント）には、Ａ社がどんな事業を通じて、何を実現したいのかという方向性が明示されていますし、その方向性に進んでいく上でのＵＳＰ（Unique Selling Proposition）、お客さまに対して自社だけが約束できる利益についても言及されています。

経営理念（ミッションステートメント）が、企業の核となる基本的な信念や目標を表し、組織の方向性を示す役割を果たすものだということに鑑みれば、経営理念（ミッションステートメント）としては、十分に機能することでしょう。

しかし、これをそのままパーパスとして転用できるかというと、そうはいきません。パーパスは、企業が社会に対してどのような価値提供を行い、それによって、どのような社会的な問題（あるいは課題）に貢献するのかを示すものです。パーパスは企業の利益追求だけでなく、社会的な価値や影響をもつような目的を含んで表現されなければいけません。

パーパスとＭＶＶの関係

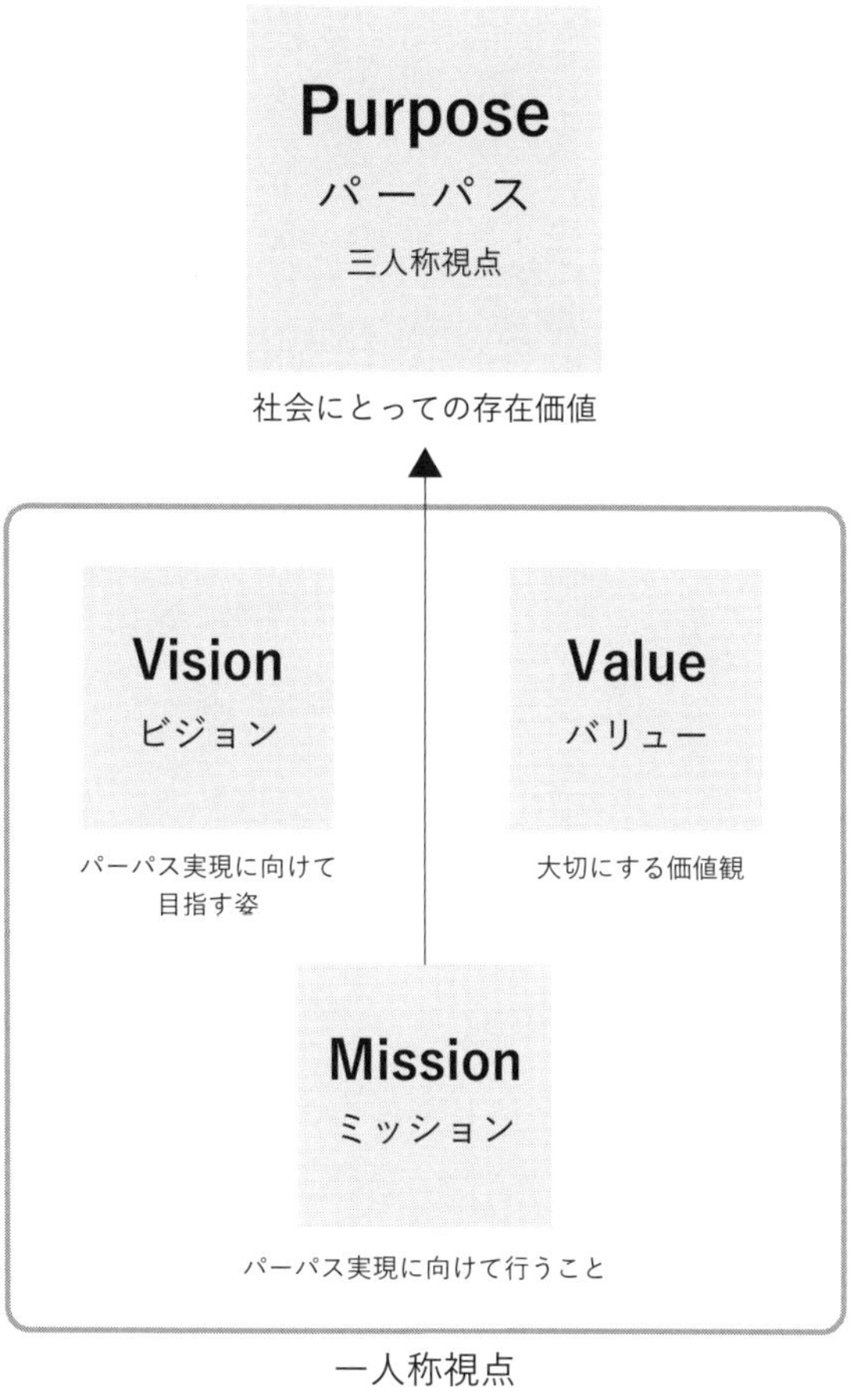

その意味では、「高品質な半導体を、継続的かつ安定的に市場に提供することで、ＩｏＴ家電の普及を促進する」という経営理念（ミッションステートメント）には、Ａ社が社会に対して提供したいと考える価値や、貢献の内容が明示されているとはいえません。

たとえばＡ社のパーパスを策定すると、「半導体の技術革新と市場リーダーシップを通じて、持続可能なＩｏＴ社会の実現に貢献する」というものが考えられます。

Ａ社の存在意義は、「持続可能なＩｏＴ社会の実現へ向けた貢献」です。そこへ向けて、半導体メーカーとしての技術革新性をＵＳＰとし、トップシェアを獲得することで、市場でのリーダーシップを発揮するという狙いも明示されています。このパーパスを実現するために先の経営理念があるという関係性も成り立ちます。

まずは、パーパスという大きな枠の中で、会社としての存在意義となる貢献性を示し、その貢献を具体的に実現するための、事業展開の方向性を示すものとして、経営理念（ミッションステートメント）があり、さらにそこからビジョン（企業の成長戦略や目標設定に対する指針）やバリュー（ミッションを達成するための企業・社員としての行動指針や行動基準）が導き出されるという関係性です。

■パーパスはあらゆる活動の拠り所となり、働きがいの源泉となる

パーパスは、すべての社員が共有し、仕事上のあらゆる活動の拠り所とすべきものです。

仕事をしている中で判断に迷うことがあったときに、どちらを選択するのがベターなのか、自社のパーパスを選択の拠り所、すなわち判断基準とすることで、恣意的な判断にならず、すべての社員が同じ判断基準で選択できるようになります。どの社員も同じ基準で物事を選択できるようになれば、会社は迷走することなく、目指す方向に向かって、常に一丸となって邁進することができます。これは、パーパス経営の大きな効用のひとつです。

それに加えて、すべての社員がパーパスに共感し、共有することで、自身の仕事にやりがい・働きがいを感じるようになります。

近年、コーポレートサイト上などで、「パーパス」を発信する企業が増えています。

ソニーのパーパスは、「世界を感動で満たす」ことです。つまり、ソニーという会社は、世界（自分たちではなく相手）を感動で満たすために存在するのだと表明しています。

味の素もそうです。自分たちがナンバーワンになるのではなく、「人・社会・地球のWell-beingに貢献する」のだと表明しています。社会に対して何ができるのか、社会に対する何らかの貢献を実現するために、自分たちは存在しているのだということを表しています。

もちろん、従前の経営理念やＭＶＶの表現であっても、社会貢献性を明示したものもあります。そうした企業であれば、現在の経営理念やミッションをそのままパーパスとして表明してもよいでしょう。

しかし、もしもいまの経営理念やミッションが、「自社のあり様を示すだけ」のものであるのなら、社会との関わりの中での自社の存在意義というものを、もう一度見つめ直して、独自のパーパスを創造することをお勧めします。

独自のパーパスを発信し続けている企業例

ソニーグループ株式会社のパーパス 存在意義

クリエイティビティとテクノロジーの力で、
世界を感動で満たす

https://www.sony.com/ja/SonyInfo/CorporateInfo/purpose_and_values/

味の素株式会社、味の素グループのパーパス　志・存在意義

アミノサイエンス® で、人・社会・地球の
Well-being に貢献する

https://www.ajinomoto.co.jp/company/jp/aboutus/philosophy/

ネスレのパーパス

食の持つ力で、現在そしてこれからの世代の
すべての人々の生活の質を高めていきます

https://www.nestle.co.jp/aboutus/how-we-do-business/purpose-values

5

1990年以降生まれのミレニアル世代・Z世代が人材の要

■パーパスで惹きつける

2023年4月に大卒の新卒採用で社会人デビューしたフレッシュマンの多くは、2000年生まれです。そして、30代半ばから40代にかけての中堅社員が会社の中核人材だと仮定すると、彼らは1985年～1990年代に生まれた人たちです。つまり、現在社内にいる中核社員の多くは、いわゆるミレニアル世代ということになります。

数年前に大卒で入社した社員や、これからの採用対象となる人材はほとんどがZ世代といわれる世代です。これから先、会社の中にはミレニアル世代やZ世代の割合がどんどん増えていきますし、採用シーンにおいては（新卒採用に限っていえば）、確実にZ世代となります。

こういう時代背景の中で中小企業に必要なのは、ミレニアル世代・Z世代への理解です。どんな世代なのか、どんな志向性をもっているのか、どんな考え方をしているのかをある程度理解していないと、採用も育成も定着もうまくいかなくなってしまいます。

とくに重要なのが、彼らの仕事選び、会社選びの考え方です。大枠でいえば、ミレニアル世代もZ世代も、ワーク・ライフ・バランスを重視する傾向があります。もっといえば、ワークとライフをバランスさせるというより、ワーク・イン・ライフ、つまり仕事は人生の一部に過ぎず、仕事を中心にした人生設計を志向することは少なくなりました。人生の一部である仕事を、もっと楽しむことで、人生をより充実させましょうというのが、この考えの根底にはあります。

かつ働く目的についても、収入を得る手段というより、自己実現の手段と考え、さらには、いかに社会貢献できるかを働く価値として重視する傾向があるといわれています。

ＳＤＧｓやＥＳＧ、それを前提としたパーパス経営が、現代におけるマネジメントの潮流、人を採用するときにも重要なポイントになってくるという話を「はじめに」でもしましたが、彼らは小学生くらいのときから、ＳＤＧｓについて見聞きしており、持続可能な開発目標といわれるものを、呼吸するように体に染み込ませている世代です。社会貢献は、ごく当たり前のものなのです。

こうした若者世代に自社を選んでもらうには、「がんばった人には、高い収入を支払います」だけではダメです。

彼らは、その会社がどんなパーパスに基づいて事業活動をしているかを重視し、そのパーパスに共感できることが就職の動機であり、給料が高いとか、福利厚生が充実しているといったことは副次的なものでしかないという傾向があります。経済的なインセンティブよりも、社会貢献性を重視して仕事を選ぶ傾向が強くなっているといわれているのです。

同じ性能・品質なら、多少価格が高くても、環境配慮された商品・サービスを選択するという「エシカル消費」がありますが、このエシカル消費は年配者よりも、若い

エシカル消費の認知度は20代が最も高い

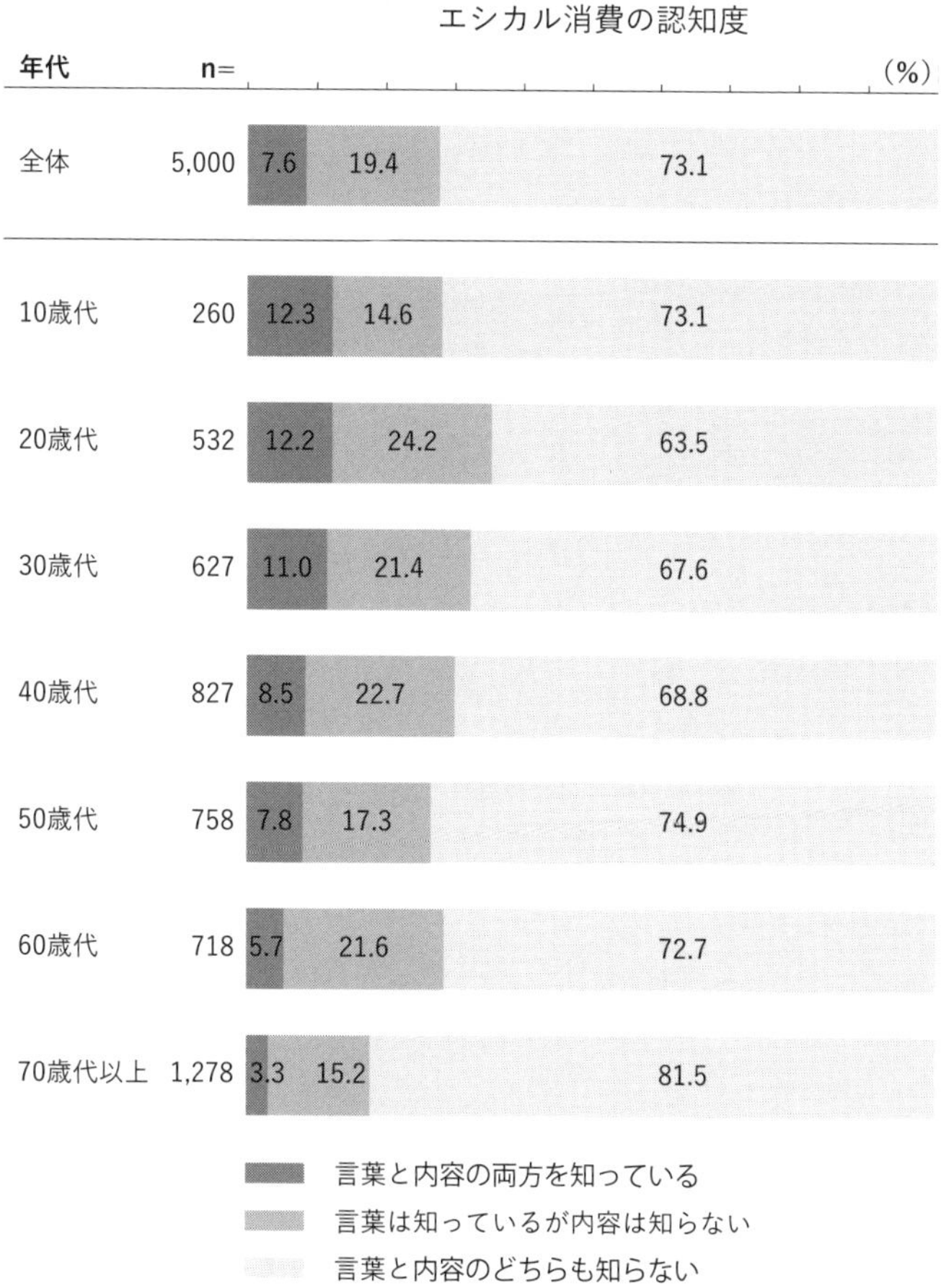

令和4年度 第3回消費生活意識調査より

世代のほうが積極的です。

つまり若い世代ほど、環境問題や社会課題についての関心が高く、たとえば彼らが就職先として企業を選ぶ場合に、社会貢献度の低い企業よりも、社会貢献度の高い企業を就職先として選ぶ可能性が高いということがいえるようです。

そのため事業活動自体に社会貢献性が盛り込まれていないと、これからの時代には、そもそも若い人を採用するのが難しくなるという事態にもなりかねません。

労働生産人口が減少して、中小企業にとって採用難は深刻化していく状況下で、パーパスが策定されていなければ、ますます若い人の採用が難しくなる危険性もあるということなのです。

■「共感採用」で採用人材のミスマッチを防ぐ

会社の企業理念やビジョン、あるいはパーパスに共感してくれる人材を採用することを「共感採用」といいます。近年注目が高まっており、多くの企業で「共感採用」が導入され始めています。

みらいコンサルティングでは、「共感採用」に切り替えてから、ここ2〜3年応募者数・採用者数ともに大幅に伸びています。採用難といわれる時代にあって、「共感採用」が奏功した結果といえます。

その成功要因は、大きく3つあると考えています。

①共感の対象は応募者だけでなく、人材紹介会社も巻き込む

当社では、採用活動において、積極的に人材紹介会社を活用しています。実は、人材紹介会社に依頼する際にも、「共感採用」導入後からはその対応を変えています。

以前は人材紹介会社に対して、単に自社の概要や、どんな人材を求めているかといった基本的な情報提供だけで、あとは人材を紹介してもらうのを待つという流れでした。

しかし「共感採用」を導入して以降は、まずは人材紹介会社にも、わが社に共感してもらうことに努めるようになりました。

わが社のパーパスや、その実現に向けた取り組み、そして、パーパス実現のためにどんな人材が必要かといった情報を、より深く、詳しく、人材紹介会社の担当者に伝えるようにしました。必要ならこちらから出向いていって、関係性の構築に努めてい

ます。

こうした密接なコミュニケーションをとることで、みらいコンサルティングの求める人材像や、会社のパーパスが伝わり、同時にわが社のファンになっていただくことで、優れた人材を多く紹介していただけるようになってきたのです。

以前は、こちらの求める人材像に合致しない応募者も少なくありませんでした。しかし、人材紹介会社との関係性が構築できてからは、そうしたミスマッチは大幅に減り、またより多くの人材を紹介いただけるようになったので、応募者数も採用者数も増加に転じています。

②応募者には事前にわが社のパーパスを確認してもらう

第3章で詳述しますが、みらいコンサルティングでは、若手社員が中心となって採用動画を作成しています。そこでは業務内容はもちろん、社風も感じていただけるようになっています。そうした動画とコーポレートサイトを必ず見ていただいた上で、面接に臨んでもらいます。

面接時には、その内容に関わる質問も投げかけます。みらいコンサルティングの業務内容について理解してもらえているかどうかはとても重要です。

もちろん逆に、採用動画やコーポレートサイトを見た上で、「自分の希望と合わない」といって、辞退される人もいらっしゃいます。それはそれで、お互いのムダを省き、ミスマッチを回避するという点で、「共感採用」の効果だと思っています。

③いままでのキャリア以上に、「これからどうありたいか」を問う

みらいコンサルティングでの面接時の質問は、職歴（これまでどんなことをやってきたか）よりも、「これから、どのような仕事をやっていきたいか」という個人のパーパスに関わるものを重視しています。

ビジネスにおいては、ある業務を遂行するためのスキルの大半は、一定の時間をかければ習得可能なものです。ですから面接に、どんなことをやってきたのか、どんなことができるのかはあまり重視しません。

むしろ、「これから何をしたいのか」ということのほうが重要です。本人が「これからやりたいこと」と、会社のパーパスが多少でもオーバーラップする部分があれば、仲間として一緒にがんばれる可能性が高まります。

また、「これからどうしたいか（何がしたいか）」という問いに対して、「わたしは、新しいスキルを身につけたい」とか、「わたしは、やりがいのある仕事がしたい」というように、「わたし（Ｉ）」を軸にしている人は、みらいコンサルティングではあまり評価されません。

逆に「世の中をよくしたい」「中小企業の成長を助けたい」といったように、「相手（Ｙｏｕ）」を軸にして、自身が何をやりたいかを考えられる人材を評価しています。よく「Ｉ目線」とか「Ｉメッセージ」、「Ｙｏｕ目線」とか「Ｙｏｕメッセージ」などといわれますが、まさに「Ｙｏｕ目線」です。

すでに随所で触れているように、今日の企業は社会貢献性が重視されます。ですから、パーパスという形で、どんな貢献をするのかを明示します。対象となるＹｏｕにどんな貢献をするかが重要だということです。そのため、Ｙｏｕ目線で考えているかどうかは、とても重要だと考えます。

自社のパーパスと、個々人のパーパスが完全に一致すれば、それはすごいパワーを生みます。完全に一致しなくても、多少なりともオーバーラップする部分があれば、その人材は会社の中で成長できるし、成果を上げられるようになります。スキルなどの能力も大切ですが、それ以上に共感性が大切になってきているのです。

第2章

これから求められる「未来貢献型人材」とは？

1

「未来貢献型人材」とはどんな人材か？

■将来的に貢献をなし得る志向性とポテンシャルをもった未来貢献（志向）型人材

時間軸で社業への貢献性に基づいて人材を区分すると、「過去貢献型人材」「現在貢献型人材」、そして、本書のメインテーマである「未来貢献型人材」という3つの人材パターンに区分できます。

「過去貢献型人材」とは、過去に社業の発展・成長に貢献した経験をもつ人材です。残念ながら、いま現在は大きな貢献はしていませんし、未来においても貢献してもらえる可能性は決して高いとはいえない人材です。

「現在貢献型人材」とは、いままさに社業に貢献してくれている人材です。売上トップの営業担当者、いまある製品の顧客拡大に成果を上げているマーケティング担当者、バックオフィス業務の効率化を進めている経理担当者・総務担当者など、文字通り「今日」の売上・利益の獲得に貢献してくれている人材です。ただし、今日の売上・利益を、明日以降も獲得し続けられるかどうかはわかりません。

もちろん、「今日」は現在のメタファー、「明日」は未来のメタファーで、文字通りの本日と翌日を意味しているわけではありません。

「未来貢献型人材」は、過去や現在の貢献性は問わず、未来の貢献を目指して、一定のエネルギーを注ぎ込み、日々業務に邁進している人材です。

御社には、過去貢献型人材、現在貢献型人材、未来貢献型人材がそれぞれ何人いるでしょうか。

社内の人材をこの3つに分けたときに、誰が、どこに該当する人材かを区分することはなかなか簡単ではないと思います。

「昔はトップ営業だったが、いまでは……」という社員はいるかもしれませんが、それでも、いま現在の貢献がないからといって、将来（未来）においても、貢献が期待できないかといえば、そうでもありません。

現在貢献型人材は、いま現在の業績や貢献内容を見れば明らかかもしれません。しかし、その人材の将来的なポテンシャルについては判断のしようがないでしょう。
未来貢献型人材に至っては、そもそも、まだ到来していない未来に、どう貢献するのかを、現時点で評価することなど無理だと思われるでしょう。タイムマシンでもない限り、未来にどんな貢献をしてくれているかなんて、確認のしようもありません。ですから、こう考えてください。

過去貢献型人材と現在貢献型人材は、文字通り、過去の業績・実績や、いま現在の業績・実績を評価して判断します。場合によっては、獲得した売上や貢献した利益に基づいて数字で客観的に判断することも可能でしょう。

しかし未来貢献型人材は少々異なります。実は「未来貢献」と「型」の間にはカッコつきで「志向」という単語が入ると思ってください。未来貢献（志向）型人材です。

つまり未来貢献型人材とは、厳密にいえば「将来（未来）的な貢献をなし得る志向性とポテンシャルをもった人材」ということです。過去の貢献や現在の貢献は定量的に測定できますが、未来貢献については、定量的な把握などできませんから、いま現

在の目に見える定性的な行動や、体現される仕事への取り組み姿勢から判断すること
になります。

■未来貢献型人材の下地はすべての社員に内在する

さらにいえば未来貢献型人材は、ひとりの社員の中に、その要素（将来・未来的な
貢献をなし得る志向性とポテンシャル）がどれだけあり、それを具体的な活動として
どれほど体現しているかということで判断すべきものです。

ひとりの社員の中で、現在貢献をしている割合が70％で、未来貢献をしている割合
が30％というケースもあれば、現在貢献は20％程度、未来貢献が80％の社員もいると
いうことです。

つまり未来貢献型人材は、日々の業務遂行において、どれだけ未来貢献型の活動に
割り振っているかを見ることで、判断・評価するということです。

わたしたち「みらいコンサルティング」では、社員の階層によって、未来貢献活動
に費やすべき活動割合は異なるものと考えています。

入社したての若手社員に、「常に未来貢献的な仕事をやりなさい」といっても、できるはずがありません。若手なら、むしろ現在貢献を果たせるようにすべきで、活動割合としては現在貢献型活動に重点が置かれるべきです。

左ページの図にある通り、若手社員については、現在貢献活動が全体の90％くらいでかまいません。まずは自分がやるべき仕事をきちんと覚えたり、効率的に遂行できるよう工夫をすることが大事です。足元がしっかりしていないのに、先（未来）ばかり見ていたら、転んでしまいます。

若手社員が目の前の仕事をきちんとこなせるようになって中堅社員になったら、もう少し増やして30％程度を未来貢献型の活動に費やします。たとえば中堅社員なら未来貢献活動は、新規事業に向けた準備から担当業務の改善や新たな価値を付加するための活動が該当します。

管理職ともなれば、たとえば新規事業の企画から実行などのほか、ＤＸなどの業務の抜本的改革などの実行の責任者としての活動や未来貢献型人材の育成が求められるでしょう。

役員というポジションにいるのなら、自社にとどまらず他社を巻き込んだ共創や将

未来貢献型活動のウエイト

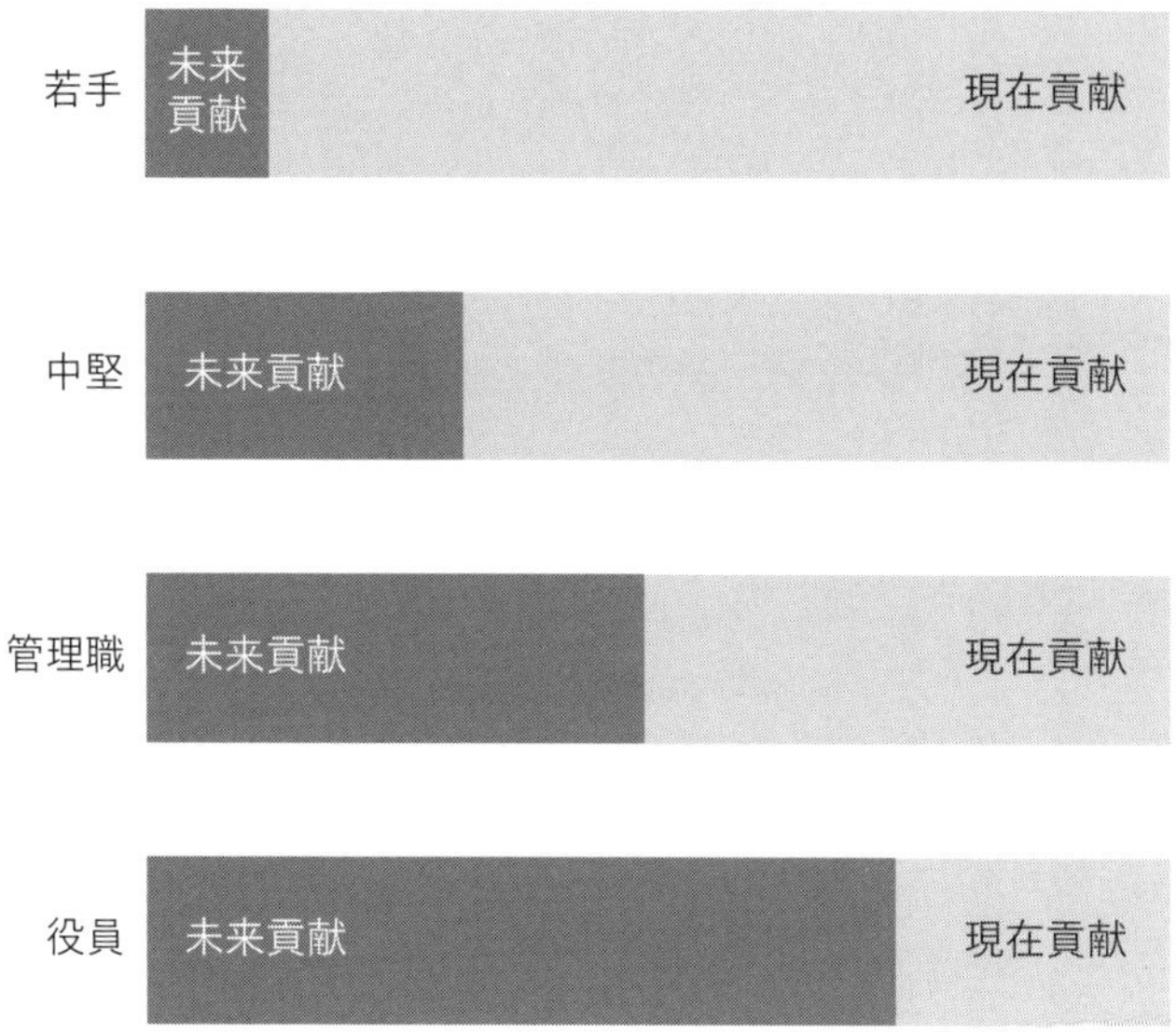

まずは現在貢献を重視！
未来貢献型人材でなく
現在貢献型のままの人材もいる

来的な自社の優位性を高めるための戦略立案から新規事業の企画などのほか、未来貢献型人材の採用など中長期的な視点に立った活動が求められます。

このように、未来貢献型人材とは、すべての社員に対して、階層に応じた一定の割合での未来貢献活動を求めつつ、その結果として、あるレベルに到達した人材を未来貢献型人材としています。

つまり、すべての社員の中に未来貢献型人材としての下地はあり、その下地・素養をブラッシュアップすることで、あるレベルに到達できると考えています。

わたしたち「みらいコンサルティング」では、その〝あるレベル〟を「会社のパーパスを推進・体現できる」ことと定義づけています。

パーパスについては、第1章の33ページでも説明しましたが、社業を通じてどのような社会貢献を果たすかを明文化したものです。つまり、パーパスをより高い次元で具現化することが、会社が未来に向かってなし得たいことだといえます。

ですから、パーパスを推進・体現できる人材こそが未来貢献型人材であり、未来貢献型人材になるためには、そこに至るステップがあるのです。

63ページの図を見てください。

まずは自社のパーパスを理解し、共感することが出発点となります。もちろん、パーパスを理解したからといって、すぐにパーパスを具現化できるとは限りません。次のステップとしては、いま、目の前にある業務をきちんと習得して一人前に遂行できるようになることで現在貢献を果たします。

きちんと現在貢献ができるようになったら、徐々に未来貢献型の活動割合を増やしていき、未来貢献事業へシフトしていきます。そして、未来貢献事業の遂行を通じて、自社のパーパスを推進・体現していくのです。ここに至って、未来貢献型人材として完成するということです。

■未来の売上・事業をつくり、既存事業を改革・拡大させる

未来貢献型人材とは、御社の「未来の事業をつくり、未来の売上をつくり、既存の事業を改革し、さらに拡大させることのできる人材」です。

若手には、若手が取り組むべき未来貢献活動があり、中堅には中堅なりに取り組むべき未来貢献活動があり、管理職層や役員にも、それぞれその立場に見合った未来貢

献活動があり、それぞれが、それぞれに課される未来貢献型の活動を全うすることが重要です。

わたしたち「みらいコンサルティング」では、未来貢献型人材には9項目に及ぶ未来貢献力のマインドセットが必要だと考えています。

その中のひとつに「challenge〈チャレンジする〉」という項目があります。詳しくは68ページ以降で解説しますが、このchallengeというマインド項目についても、若手に求められる内容と、中堅や管理職に求められる内容は異なります。

若手に求められるchallengeとは、いま現在、任されている仕事に関して、もっと効率的に進めるために自ら創意工夫することなどです。指示された通りの手順をずっとやり続けるのではなく、指示された手順や遂行方法を十分に体得したら、その手順や遂行方法に自分なりの工夫を加えてさらに効率をアップすべく、努力できるかどうかということです。

しかし管理職層ともなれば、そんなレベルのchallengeでは不十分です。これまでの経験を活かして、新しい事業やサービスを企画して、上長に提案してみるとか、よ

未来貢献型人材へのステップアップ

まずは現在貢献
⇩
未来貢献へステップアップ

会社のパーパスを理解し共感する

↓

現在の業務を習得し、貢献（一人前）

↓

未来を想像し徐々に行動

↓

未来貢献事業へシフト

↓

パーパスを推進・体現

↓

未来貢献型人材

り大きなチャレンジ力の発揮が求められます。

役員であれば、さらに大きなチャレンジ力が求められるでしょう。たとえば、会社の未来を左右するような大きな新規事業の構想を立案する、さらには、その実現をスピードアップするための外部とのアライアンスを推進するといった、よりチャレンジングな取り組みができないといけません。

このように、未来貢献に必要な要素としてのchallenge〈チャレンジする〉力は、若手、中堅、あるいは管理職・役員、みな同じです。ただ、その質的なレベルが異なってきます。

各人が、自分の置かれている立場・ポジションに照らして、必要とされるレベルの能力を発揮していくことが重要なのです。

2
未来貢献型人材に求められるマインドセット

■業種・業態、事業内容・規模にかかわらず必要とされる基本的要素

どのような会社で、どんな仕事に就いていようとも、ビジネスパーソンとして身につけておくべきマインドセットやスキル（知識）セットがあります。

マインドでいえば、責任感やプロフェッショナリズム、創造性・革新性、自己成長意欲（学習意欲）といったものが挙げられます。

スキル（知識）でいえば、コミュニケーションスキル、プレゼンテーションスキル、ネゴシエーションスキルなどに加えて、問題解決スキルやリーダーシップスキル、担当業務や立場によっては財務会計に関する知識、マーケティングに関するスキルや知識などが必要になることもあるでしょう。

こうした業種・業態、事業内容・規模にかかわらず必要とされるマインドセットや

スキルセットに加えて、たとえばシステム関係に就いているなら、プログラミングに関するスキルや、ネットワークに関する知識が高い次元で求められるといったように、業界特有のスキルや知識、あるいは職種ごとの専門知識、専門スキルがあります。

未来貢献型人材についても、求められる基本的な要素（ビジネスマインド）がありますの。わたしたち「みらいコンサルティング」では、それを「未来貢献力」と呼び、左ページの図にある9項目にまとめています。

あくまで基本的な要素なので、この9項目の未来貢献力を達成していれば、未来貢献型人材として十分かといえばそうではなく、そこに加えて、個々の会社ごとに求められるスキルやマインド、業務知識もあるでしょう。その場合には、そうした特有のスキルセットやマインドセットも含めて、その会社の未来貢献型人材の要素ということになります。

本章では、わたしたち「みらいコンサルティング」が基本と考える9項目について、紹介していきます。

未来貢献型人材に必要な基本的要素

未来貢献力

①チャレンジする

②変わり続けることを楽しめる

③未来を想像（先見性）し行動する

④会社のパーパスに共感している

⑤仲間・他社と共創する

⑥自責思考

⑦成長志向

⑧仕事を楽しんでいる

⑨周囲への影響力（マイナスもある）

未来貢献量（→95P 参照）

⑩未来貢献活動への貢献度合い（定量化）

会社によって異なるが、基本的には上記の要素をもった人材

■未来貢献力① challenge〈チャレンジ力〉

ＶＵＣＡの時代には、これまでの成功パターンが通用しなくなっているということはすでに述べました。複雑で、不確実で、曖昧性を帯びた世界では、何が正解かは誰にもわかりません。「こうすれば必ず成功する」という法則はないし、「過去にこうやって成功したから、次もその通りにやれば成功する」という保証もないわけです。

そんな時代だからこそ、失敗を恐れないマインドと、果敢にチャレンジする行動力をもった人材が求められます。

未来貢献型人材とは、そうしたチャレンジングな姿勢（マインドと実行力）をもった人材でなければなりません。

ＶＵＣＡという時代だからこそ、「いまのこの主力製品が10年後、20年後も主力であり続けるとは考えられないので、大きなイノベーションが必要なのではないか？」と考え、製品の改良やイノベーションに果敢に取り組むチャレンジ力が求められます。

また、製品そのものを変革するのではなく、製造方法、製品が出来上がるまでのサプライチェーンそのものを見直して、より効率的な、あるいはより利益貢献度の高いサプライチェーンに構築し直す、そのためのチャレンジといったことも含まれます。

しかしこのチャレンジ力は、一朝一夕で身につくものではなく、とくに過去の成功体験にとらわれたり、変革を恐れて安定性を求めたりしがちなビジネスパーソンは、チャレンジングな取り組みに尻込みする傾向があります。なかでもベテラン社員は、そうした安定志向が強くなる傾向があります。


たとえば、地方のあるIT系の会社では、社長自身がプロダクトのイノベーションの必要性を強く感じており、オンプレミス型の自社ソフトウェアを、クラウド型に転換していきたいと考え、開発部門に檄を飛ばしました。

社長直轄のクラウド化プロジェクトが立ち上がり、開発部長がプロジェクトリーダーの任に就いたのですが、数か月後、プロジェクトは暗礁に乗り上げてしまいました。プロジェクトリーダーだった開発部長が、「当社ではクラウド化は無理だ」とさじを投げてしまったのです。結局、プロジェクトは頓挫し、ソフトウェア製品のクラウド化はいまだに実現していません。

詳細を確認してみたところ、どうもプロジェクトリーダーを任された開発部長自身がクラウド化に乗り気ではなかったことが判明しました。「社長にいわれたのでやった」というスタンスでプロジェクトに臨んでおり、気持ちは決して前向きではありませんでした。つまり、開発部長には「チャレンジ力」が備わっていなかったのが最大の敗因といえます。

会社の大小を問わず、組織で何か新しいことにチャレンジしようとすれば、様々な困難に直面するだろうことは容易に想像できます。

改革を行うのなら、ひとつやふたつ壁にぶち当たるのは当たり前で、それを乗り越えようという気概がなければ、イノベーション・プロジェクトなど、成功はおぼつきません。ましてや、最初からプロジェクトリーダーが及び腰で取り組んでいたのではなおさら、成功など夢のまた夢です。

このＩＴ系企業の部長は、プロジェクトを進めるにあたって、いろいろな壁にぶち当たり、結局「やはり、現状の当社の状況では、クラウド化は難しいです」と社長に具申して、プロジェクトは解散となりました。

これまでにやってきたこととはまったく異なる新しいことにチャレンジしようとする場合には尻込みせず、失敗を恐れずに果敢にやりきっていける人材でなければ成功の確率は低くなります。

それには、失敗を許容する組織風土があるということが大前提になります。失敗を人事評価に反映させたり、降格するなど責任をとらせるのは論外。失敗しても、その経験が財産になるという空気感の醸成が求められます。

「何ごとにも尻込みせず、失敗を恐れず果敢にチャレンジしていく」ということは、まさに未来貢献型人材に求められるチャレンジ力そのものなのです。

■若手社員に求められる「チャレンジ力」

若手社員は、まずは上司や先輩の指導の下で、現在貢献となる業務をきちんと覚え、着実に遂行できるようになることが肝要です。任された仕事をしっかりと遂行することを最優先します。

しかしだからといって指示されたことだけを、指示された通りにやり続けるというのではいけません。59ページの図「未来貢献型活動のウエイト」にあるように、若手社員といえども、未来貢献につながる活動に、業務量の10％は費やしてほしいところです。

では、若手社員はどのような未来貢献活動をすべきでしょうか。

ひとつは、担当業務をより効率的に遂行するためにどうすればいいかを自ら考えて、創意工夫することが挙げられます。たとえば「10時間かかっていた仕事を8時間で終わらせるようにする」といったことも大切なチャレンジです。

また、上司や先輩の仕事ぶりを見ながら、自身の次のステップとして、どんな仕事を担当したいかを考え、その業務を任せてもらえるように、新しいスキルや知識の習得に努め、積極的に手を挙げて「その仕事、やらせてください！」といえるように精進することもチャレンジといえます。

■中堅・ベテラン社員に求められる「チャレンジ力」

中堅社員の場合のチャレンジは、若手社員に比べれば、より会社への貢献性が高まります。

中堅社員やベテラン社員といわれるポジションになると、上司から新しいプロジェクトへの参画を要請されるようなシーンも増えてくることでしょう。場合によっては、すでに身についているスキルや知識では対応が難しいテーマのプロジェクトに抜擢されることもあるでしょう。

そうしたとき、尻込みしたくなるかもしれませんが、失敗を恐れずに「ぜひ、私に任せてください!」と前向きに取り組むことが、まさに中堅・ベテラン社員に求められるチャレンジ力です。

このとき、「断れないから、しぶしぶやる」というスタンスではいけません。すでに触れたように、もし失敗することがあっても、そこから何かを学び取り、それを活かして再チャレンジすることが、真のチャレンジ力です。

■管理職・役員に求められる「チャレンジ力」

管理職や役員は、多くの場合、特定の事業ドメインについての最高責任者であったり(○○事業本部長、○○事業担当役員など)、営業部門や製造部門などの部門長が該当することでしょう。このような立場であれば、自身の業務におけるチャレンジというよりも、管轄する部門全体のチャレンジを推進していくようなチャレンジ力が求められます。

もちろん、部門や会社の取り組みにおいて「チャレンジする」ことを推進できる管理職や役員であれば、自身の活動においてもチャレンジ力を発揮できているでしょう。逆に言えば、自分自身でチャレンジングな取り組みができないようでは、管理職や役員になる資格はないともいえます。

■未来貢献力② change〈変わり続ける力〉

未来貢献力の2つめの要素は、「change〈変わり続ける力〉」です。

繰り返しになりますが、極めて変動性が高く、不確実で複雑で曖昧性が高い時代です。昨日までの当たり前は、今日の当たり前ではなくなる時代、わたしたち自身の仕事への取り組み姿勢や考え方も、周りの変化に応じて変わり続けなければ、あっという間に取り残されてしまいます。

自社や自分だけがその変化を拒む、変化に抗うというのは、もはや生存することを諦めたと同じ意味をもつといってもいいでしょう。「変わり続ける」ことを楽しむくらいのマインドが不可欠だといっても過言ではないのです。

人々の価値観や考え方が変わるのに伴って、製品やサービスのあり様を変化させないと、どんな製品・サービスも陳腐化してしまいます。

近年、企業はＤＸの推進に余念がなく、ＤＸを推進するのに伴って、業務のフローやプロセス、手続きは変化します。そうした変化に柔軟に対応し、キャッチアップしていかないと組織の中で取り残されてしまいます。

そうした中でよく耳にするのは、古株のベテラン社員に、新しい業務ツールなどの導入に際して、抵抗勢力になりがちな人が多いということです。

自分が何十年もやり続けてきた業務フローやプロセス、手続きを、またイチから覚えなおすことを面倒だと考えたり、いままでのやり方で問題ないのだから、ＤＸなどしなくていいと考える社員が新しいツールの導入に反対するのです。

「変わらなくていいならそのほうが楽」と、誰もが思うかもしれません。しかし、変わらなければ生き残れない時代、そんな考え方は払拭しなければいけません。そして、どうせ変わらなければならないなら、変化そのものを楽しむぐらいの気概が必要だということです。

そういう意味では、「change〈変わり続ける力〉」とは、時代対応力といってもいいのかもしれません。

■若手・中堅社員に求められる「変わり続ける力」

若手社員にとっては、まずは目の前の仕事を覚えることが最優先ですから、あまり「変わり続ける力」を意識する必要はないかもしれません。

とはいえ、直接的な業務遂行に「変わり続ける力」を発揮する機会がないとしても、世の中の変化にアンテナを張り、情報を集めることはやっておくべきです。

中堅社員ともなれば、これまでの仕事のやり方を変えるといったことは、積極的にやれることです。いままでとは違ったやり方を取り入れて、変化を楽しむことを意識すべきです。

場合によっては、これまでやってきた業務遂行手順を見直して、もう一度、仕事のやり方を見直すくらいの気概があってもいいかもしれません。

■管理職・役員に求められる「変わり続ける力」

管理職ならば、自分自身が変化すること以上に、担当部門全体の組織変革や、部下の変化を支援することを意識して、部門マネジメントに取り組むべきです。

とくに、自社が属する業界の変化や、さらに大きなビジネス環境自体の変化もキャッチアップし、そうした変化を背景に、自社がどう変わっていかなければならないかと、常に想像しておくことも必要でしょう。

役員については、事業の責任者として、事業単位の変革を促すことを前提に、「変わり続ける力」を発揮しなければなりません。部下が変わっていきやすいような環境づくりを積極的に実施し、必要なら組織改革も辞さないというスタンスで、自らの変化と、管轄部門の変化を恒常化させることが肝要です。

■未来貢献力③ foresight〈未来を想像し行動する先見性〉

未来に貢献できるかどうかは、どんな未来がやってくるのかを、ある程度見極めるとともに、そうした未来の中で、自分や自社がどのような立ち位置で、どんな事業やサービス、製品を展開しているのかを想像できるかどうかにかかっているといっても過言ではありません。

そうした、未来を想像する力が「foresight〈未来を想像し行動する先見性〉」です。この先見性の具現化については、ポジションによる違いはありません。若手社員であれ、中堅社員であれ、あるいは管理職・役員であれ、誰にでも必要な要素です。誰もが来るべき未来を見通すべく、いろいろな情報にアンテナを張り、収集した情報を咀嚼して、半歩でもいいので「この先、どうなるのか?」を考えることが重要です。

■役員にはとりわけ必要な力

とりわけこの力は、役員クラスには必須です。若手・中堅のうちは、身の回りの出来事や、様々なニュースから「この先、こうなるのでは?」と未来に向けて想像を膨らませるので十分ですが、管理職や役員など、チーム・組織を束ね、人の上に立つからには、単にイメージを膨らませるだけでなく、具現化への道筋をより具体的にイメージし、部下や部門・指揮を、その方向に向かって誘導していくところまでが、この「foresight〈未来を想像し行動する先見性〉」なのです。

役員には、これまでに培った社外のネットワークも駆使して、より精緻なビジネスモデルに昇華させ、かつ必要に応じて外部とのアライアンスを模索するくらいの行動力が望まれます。

具現化のための行動という点でいえば、管理職は、自部門の未来のあり様を想定した部下育成、組織づくりということになります。また、予測した未来を前提に、自身が属する事業部門、あるいは会社全体で取り組むべき新しい事業や新製品などについての企画をまとめ、役員など経営層に対して提案するような行動も期待されます。

しかし、「当社にも□□□な時代がくるので、わがチームも△△しないといけない」とメッセージは出しても、実際には「△△していない」、つまり行動に移せていない管理職が多く見られます。これでは単なる評論家にすぎません。

■未来貢献力④ empathy〈会社のパーパスへの共感〉

未来貢献型人材を定義すれば、「未来の事業をつくり、未来の売上をつくり、既存の事業を改革し、さらに拡大させることのできる人材」と述べました。

当たり前のことですが、ここでいう「未来」は、自社の存在意義であるパーパスが具現化された未来であることが大前提です。

必ずしも、いま現在取り組んでいる事業の延長線上の何かである必要はありませんが、会社のパーパスとまったくかけ離れた未来では意味がありません。

その大前提で考えれば、若手・中堅であれ、管理職・役員であれ、会社のパーパスに共感できていることは必須であり、最低限の条件です。

■ポジションに関係なく全員にパーパスへの共感は必要

パーパスへの共感ということに関して重要なことは、役員から管理職へ、管理職から中堅・若手へと、折に触れてきちんと自社のパーパスについて語り、社員の理解促進を果たせる組織風土づくりと、上の立場にいる人たちが、自分の言葉で、自分の経験に基づいてパーパスを語れるようにすることです。

社員全員が自社のパーパスを理解し、共感し、その会社のパーパスと、92ページで解説する自分のパーパス（my purpose）を照らし合わせて、両者の重なり合いがどこにあるのかを自分の言葉で、周りに説明できるぐらいに、会社のパーパスとマイパーパスについて真摯に考えることが重要です。

パーパスへの共感なくしては、未来貢献型人材にはなり得ないといっても過言ではないのです。

■未来貢献力⑤ co-creation〈仲間・他社との共創〉

5つめの要素は、「co-creation〈仲間・他社との共創〉」です。

ビジネスは、その内容がどのようなものであれ、およそ自分ひとりの取り組みだけで完結することなどあり得ません。会社の中で担当する業務を円滑に遂行する上でも、上司、先輩、同僚や部下、後輩といった周りの人たちとの協働なくして結果は出せないものです。

そうした仲間たちとの協働によって、ビジネスの成果を生み出すことが「co-creation〈共創〉」です。

周りを巻き込んで、他者の力も借りながら、成果を達成することはとても大切なことです。なかには、なんでもかんでも自分ひとりでやってしまおうとする人もいます。責任感をもって、与えられた職責を全うするという点でいえば、自分がやるべきことを人に頼らずにやり遂げることはよい点でもあります。しかし、それは仕事のあるパートです。

たとえば、最近は地方創生がテーマとなっていますが、地方は中小企業がほとんどで、自社だけで全国、または海外展開できるような商品・サービスの企画・開発から販売まで実行できるだけの余裕がなかったりします。

そういった中、同じ地域にある協力会社や、場合によってライバル会社とも連携して、一体で取り組んでいる事例もあります。この場合、「わたしたちの地域の未来を創る」といった共通の全体最適の目標があるからできることであり、自社最適のみを追求する会社がその中にいれば、このような取り組みは成功しません。

だからこそ、共創することはとても大切で、ビジネスパーソンとして「共創（体制）を構築する」力をもつことは重要です。ただし、どんなレベルの共創をなすべきかということについては、置かれている立場によって、少し違ったものになります。

■若手・中堅社員に求められる「共創」

若手に求められる共創は、いってみればチームワークです。同じ部署の同僚をはじめとした仲間たちと、チームワークを大切にして業務遂行できることが共創力です。

中堅社員なら、他部門のメンバーも含む部門横断的なプロジェクトへの参画機会も増えるでしょうし、そうした場において、様々な専門性をもった他部門のメンバーも巻き込みながら、自身に求められる役割を果たすことが共創力のひとつです。

またその逆で、周りの誰かが担っている役割と、その遂行に関して、自分が協力できることがあれば、積極的に関わって支援することも、もう一方の共創です。巻き込む共創力と、巻き込まれる共創力とでもいうべきものが中堅社員には必要です。

■役員・管理職に求められる「共創」

役員や管理職ともなると、もっと大きな共創を築き上げることが求められます。

役員なら同業他社、あるいは異業種の会社との共創、すなわちアライアンスを構築するような次元の共創力が求められます。文字通り「co-creation〈他社との共創〉」です。

管理職なら、場合によっては役員同様に社外との共創という機会もあり得るかもしれませんが、それほど高い頻度で社外とのアライアンス案件があるということはないでしょう。それよりは、社内の他部門との共創を円滑に推進することが重要な共創になるでしょう。

共創については、社内の立場に応じてそれぞれに異なる共創の形があることはすでに述べた通りですが、ポジション・立場に関係なく共通しているポイントがひとつあります。

それはどんな相手との共創であっても、そこには win-win の関係性が維持できていないといけないということです。

チームでの目の前の業務、他部門のメンバーとの共創を前提としたプロジェクト、部門横断的な新規事業の取り組みや、他社とのアライアンスなど、いずれの場合でも、自分だけが得をするような共創はあり得ません。自分（自社）も相手（他社）も、十分にメリットを享受できる関係性を築くことが必要です。「自分さえ、自社さえよければ」という発想では、共創は成立し得ないのです。

■未来貢献力⑥ introspection〈自責思考〉

ここまで読み進めていただいて、おおむね未来貢献型人材がどのような人材かご理解いただけたと思います。要は、まだ実現していない未来を自分なりに洞察し、その洞察に基づいて、パーパスの実現に向けて自分を鼓舞し、自らの意思で積極果敢に新しいことにチャレンジできる人材です。

しかし、未来に向かっての新しいチャレンジである以上、思い通りにすべてが進むなんていうことはあり得ないし、むしろ思う通りに進まないことのほうが多いかもしれません。

そんなときに、うまくいかない要因、失敗した原因をどこに求めるかということは、その後のその人の成長に大きく影響を及ぼします。

失敗したとき、取り組みがうまくいかなかったとき、その原因を自分以外の周りに求めたがることを「他責思考」、逆に失敗の原因については、まずは自分の行動や考え方を振り返る内省から入ることを「自責思考」といいます。

未来貢献型人材の要素のひとつであり、特性のひとつともいえるのが、この「自責思考」です。

予測困難な未来を予測して、そこへ向かって、積極果敢に自らの意思で行動できる人材ですから、何か問題が発生したときに、それを周りのせいにすることはないでしょうが、それでも人間誰しも、何か不具合が生じたときに、それを自分のせいだと断定するのは嫌なものです。それをあえて、自分ごととして内省できるということは、そこから学びを得られるということです。そして、失敗から学びを得られるということは、成長のチャンスが広がるということです。

■管理職・役員にはとくに必要

若手であれ中堅であれ、あるいは管理職でも役員でも同様です。失敗したときに環境が悪かったとか、社内の体制が不十分だったとか、自分以外の誰か、何かに責任を転嫁しようという姿勢ではいけません。たとえ、環境が悪かったことが失敗の真因だったとしてもです。

とくに管理職、役員が他責思考の発言をしてしまうと、それを聞いた部下たちは、そんな上司についていきたいとは思わなくなってしまいます。

上に立つ者としての覚悟を示すためにも、また自責思考の大切さを部下たちに伝えるためにも、管理職、役員自身が自責思考に基づく発言や行動を実践することは、とても大切なことです。

■未来貢献力⑦ growth〈成長志向〉

7つめは「growth〈成長志向〉」です。

「成長を志向する」には2つの志向性があります。ひとつは、自分自身の成長、もうひとつは組織（会社）自体の成長です。

まずは自分自身の成長ですが、それは若手であれ役員であれ、共通して求められる志向性です。

いつの時代も社会は進化しています。ＩＴを例に挙げるまでもなく、テクノロジーは日進月歩で革新されていき、それに伴って多種多様なサービスや製品が生まれ、人々の暮らしはより利便性が高まり、それによって時には人々の価値観も大きく変化します。社会そのものが成長しているといってもいいかもしれません。

このように、社会が進化・成長している以上、個人も社会の変化に負けない成長をしていかないと、相対的な後退を意味することになってしまいます。ですから、すべてのビジネスパーソンにとって、自分自身の成長という志向性はとても大切なのです。

自分の成長のためには、積極的に時間とお金を投資することが肝要です。来るべき未来に思いを至らせ、いま、何をなすべきかを考えて、実際にアクションに移すことが大事です。

■若手・中堅・管理職に求められる「growth〈成長志向〉」

若手・中堅は、自己啓発に取り組むべきです。とくに若手は、まずは現在貢献が重要で、そのためにしっかりと仕事を覚えることが優先です。その「仕事を覚える」ことを、より早く、より着実に成し遂げることが優先で、そのための学び、すなわち自己啓発はとても大切なことであり、成長の糧となります。

管理職なら自分自身の成長はもちろん、管轄する部門（組織）の成長についてもコミットメントが求められます。部門（組織）の成長に重要なのが、「過去の成功体験に固執せずに、未来志向で部門（組織）の成長を促す」ことです。実は、ここが一番重要で、かつ難しいことかもしれません。

管理職として活躍されている人は、そこに至るまでに数多くの実績を残していることでしょう。その実績は、まぎれもなく成功体験です。多くの管理職は、その成功体験をベースに、部門をマネジメントし、部下を育成しようとすることでしょう。しかし、未来貢献型人材に必要なことは、そうした過去の成功体験を捨てて、新しいことにチャレンジする気概と実行力です。

ところが自分の成功体験を捨てることは容易ではありません。実は、管理職においては、ここが未来貢献型人材になれるか、現在貢献型人材のままで止まるかの大きな分かれ道になるということを肝に銘じる必要があります。

■役員に求められる「growth〈成長志向〉」

役員ともなれば、会社の成長に向けて果たすべき役割がより大きくなりますし、成し遂げるために、自分自身の成長志向も高いレベルで維持しなくてはなりません。

役員という立場では、自身が率先して新規事業を企画することも多くなると思いますが、同時に、部下たちの新規提案についてジャッジすることも増えます。

部下から持ち込まれる新しい企画は、彼ら自身が洞察した未来を前提とした企画提案のはずです。ジャッジする役員としては、それを理解できるだけのナレッジを身につけていないといけません。つまり、部下たち以上に、成長を目指して学びや自己啓発に取り組む必要があるということです。

また、部下に対して「過去の成功体験を捨てよ」と指示する立場にいるわけですから、自分自身が過去の成功体験を捨てるということを実践できないといけません。

会社を成長させるために、自分自身が常に成長を目指して、どん欲に学びつづけること、それが管理職、役員にはより強く求められるのです。

■未来貢献力⑧ enjoy work〈仕事を楽しむ〉

8つめの項目は「enjoy work〈仕事を楽しむ〉」です。

「楽しむ」とは楽をするということではなく、ゴールに向かって難題やうまくいかないことがあっても、そのような障害も自身の成長やマイパーパス（92ページ）に近づくためと捉えて前向きに取り組むことです。

日本では、戦後の復興期から高度経済成長期を経て、1980年代後半から90年代初頭までのバブル経済に至るまで、多くのビジネスパーソンが仕事最優先という感がありました。栄養ドリンクのコマーシャルで、「24時間戦えますか」というコピーが一世を風靡したのは1989年のことです。

しかし現代においては、働き方に対する意識も大きく変化しました。ひところは、「ワーク・ライフ・バランス」ということが重視されるようになり、仕事と、仕事以外の生活の時間の割合・比率を、仕事重視からシフトさせようという潮流が生まれました。

そしてポストコロナといわれる昨今の状況では、「ワーク・イン・ライフ」という考え方が主流になりつつあります。43ページでも述べましたが、「ワーク・ライフ・バランス」から仕事は人生の一部に過ぎない、人生の一部である仕事をもっと楽しむことで人生をより充実させましょうというのが、「ワーク・イン・ライフ」です。

これは、未来貢献型人材のあり様を考える上でも、とても重要です。未来貢献型人材が未来に貢献するためには、会社のパーパスと自分のパーパス（マイパーパス）に重なりがあることが大切です。

マイパーパスは、自分自身の存在意義であり、人生における達成目標といえるものです。そのマイパーパスの実現を、仕事を通して達成できる状況（仕事環境）が、会社のパーパスとマイパーパスの一致（部分的であれ）です。

自分の目指すものと、会社が目指すものが合致していれば、そこには仕事を楽しむ余地が生まれます。

もちろん、すべての仕事の、あらゆる作業が楽しいかといえばそうではないかもしれません。仕事である以上、やりたいことだけをやればいいというのではなく、得意ではないが「やらなければならない仕事（作業）」というものもあります。しかし、それさえも、大きな目標・目的に向かっていく過程であることが明らかならば、人は前向きに取り組むことができるものです。

一つひとつの仕事（作業）の意味を考え、理解し、それが未来貢献につながる、重要なパーツであると納得できれば、楽しく働くことができるはずですし、その仕事に全力をぶつけることができることでしょう。

■未来貢献力⑨ influence〈周囲への影響力〉

未来貢献型人材の基本要素の最後は、「influence〈周囲への影響力〉」です。

これは、ひとりのビジネスパーソンの言動が、周りに様々な影響を及ぼすのだということをきちんと意識し、可能な限り周囲に対してプラスの影響力を及ぼすことを心がけましょうということを指しています。

若手であれ中堅であれ、あるいは管理職でも役員でも、周りに対してネガティブな言動をすれば、それは間違いなく悪影響として伝わります。逆に、つらい状況下にあったとしても、その場でポジティブな言動がとれれば、周りの人たちも「よし、がんばろう」と前向きになれることでしょう。

仕事はすべからく、誰かとの共創だという前提に立てば、自身の言動の周囲への影響ということを常に意識しておくことはとても重要です。

とくに管理職、役員など、人の上に立つポジションにいる人の言動の影響力は、若手や中堅社員とは比べものにならないくらい大きくなります。

口先ではいいことをいっていても、裏でサボっているようでは、誰もついてこなくなります。また、何か厳しい状況に置かれたときに、他責思考の発言ばかりしていたら、部下たちも辟易《へきえき》してしまいます。

もちろん言動だけではありません。雰囲気・表情からもプラスの影響力は与えられます。管理職や役員は、「Aさんと一緒に仕事がしたい」「B部長が見守ってくれていたらきっとうまくいく」といった、部下にとってポジティブな存在になれたら理想です。

上に立つ人ほど、ふだんから「influence〈周囲への影響力〉」を意識するようにしておく必要があることを肝に銘じておいてください。

＊　＊　＊

以上、未来貢献型人材が身につけておくべき9つの未来貢献力について取り上げました。

未来貢献力などと定義づけしなくても、多くの社員がふだんから実践していることもあるかもしれません。あるいは、これまでは意識したことのない要素があったかもしれません。

しかし今後、未来貢献型人材を育成し、その活躍を望むのであれば、この9つの未来貢献力を身につけさせる機会を設定し、その行動量も測定することが重要です。

つまり上司が、部下の未来貢献活動への貢献度合い（定量化）（↓67Pの⑩）を把握し、活動量や内容についてアドバイスしたりサポートすることで、社員は未来貢献活動をより意識するようになり、行動が定着していくことが期待できます。

そのうえで、公平かつ適正に評価できる仕組みをつくる必要があることを、社長は肝に銘じてください。

	内容
	未経験の分野であっても失敗を恐れず果敢にチャレンジしている
	「小さな失敗」を前向きに捉え、新たなチャレンジに活かしている
	困難な状況においてもすぐに諦めずに粘り強く解決しようとしている
	自らチャレンジすることを示すことで、周囲をより前向きにしている
	前向きな失敗を肯定し、チャレンジする風土を醸成している
	過去の延長や成功体験に頼ることなく、新たな視点で取り組んでいる
	変化を拒むことなく楽しんでいる
	変化に対して柔軟に対応している
	社会の変化・未来を想像するための情報収集・勉強をしている
	社会の変化・未来に向けて、率先して行動している
	社会の変化・未来に対応するための具体的な戦略・計画を立案し、率先して行動している
	自身のマイパーパスが明確である
	会社のパーパスと自身のマイパーパスに共通部分がある
	パーパスを軸に仕事をしている
	パーパスの実現に向けて率先して取り組むことで社内にパーパスを浸透させている
	自社だけに拘らず多種多様なパートナーとの協業を通じ、幅広いネットワークを構築している
	自社最適ではなく地域・顧客・業界最適を優先して判断している
	自分の業務だけでなく組織・チーム内の業務にも積極的に関わり協力している
	問題が発生したとき、外部環境や他者に原因を求めることなく自分ごととして行動している
	仕事に対する責任感を持ち、安易に他者に依存することなく自らの責任で解決しようとしている
	困難な状況においてリーダーシップを発揮して対応している
	現状に満足することなく更なる成長を目指し業務に取り組んでいる
	成長できる業務・環境に積極的に取り組んでいる
	コンフォートゾーン（心地よい環境）から抜け出すことを意識している
	困難な仕事であっても前向きに取り組んでいる
	自身が仕事を楽しむことで、社内に”仕事を楽しむ”雰囲気を作っている
	マイパーパスの実現に向けて前向きに仕事に取り組んでいる
	ポジティブな言動により周囲に活気を与えている
	仕事に対する高い意識を持っている
	他者ともコミュニケーションを取り共感を得られている

９つの未来貢献力

No	大項目		対象者	
1	challenge	チャレンジ	全社員	
			全社員	
			全社員	
			中堅以上	
			中堅以上	
2	change	変わり続ける	全社員	
			全社員	
			全社員	
3	foresight	先見性	全社員	
			中堅以上	
			幹部以上	
4	empathy	パーパスへの共感	全社員	
			全社員	
			全社員	
			中堅以上	
5	co-creation	共創	中堅以上	
			幹部以上	
			全社員	
6	introspection	自責思考	全社員	
			全社員	
			幹部以上	
7	growth	成長志向	全社員	
			全社員	
			全社員	
8	enjoywork	仕事を楽しむ	全社員	
			全社員	
			全社員	
9	influence	影響力	中堅以上	
			全社員	
			中堅以上	

第 3 章

「未来貢献型人材」を育成する仕組みをつくる

1

社員の育成にかかせない「考え方×熱意×能力」

■みらいコンサルティングが考える「考え方×熱意×能力」

みらいコンサルティングでは、
「考え方（成長角度）」×「熱意（速度）」×「能力（人間力・知力）」
この掛け算で、その人のパフォーマンスが決まると考えています。
これは、京セラの創業者である稲盛和夫氏が提唱した「人生の方程式」です。
もともとの意味合いからいえば、
考え方＝生きる姿勢・心構え
熱意＝こうありたいと考え、努力することをいとわない強い思い
能力＝知性や身体能力
というものでしょう。当社では、この考え方を拝借して、それぞれに独自の意味合

いをもたせました。

人生や仕事に対して前向きで、物事に真摯に取り組む人は、いろいろなことを学びとることができる人です。成長のスピードが速いといえます。時間軸を横軸にし、成長度合いを縦軸にして、その人の成長線を描くとすれば、急角度の右肩上がりになるはずです。よって、「考え方＝成長角度」です。

物事に取り組む熱量（熱意）が大きければ大きいほど、その人のアクションは極めてスピーディなものになることでしょう。よって、「熱意＝速度」です。

「能力」は、天性の素質といったものではなく、他者に貢献したいという「誠実な人間性」と、愚直な努力によって身につける「知力」を指しています。人間力も知力も、自身の努力次第で大きくすることも、小さくしてしまうことも自在です。だからこそ、真摯に向き合うことが肝要です。

■3つの要素を活かして人材を育成する

この「考え方（成長角度）」×「熱意（速度）」×「能力（人間力・知力）」は、人材育成の上でも重要なコンセプトです。

これらの要素をバランスよく向上させていくことが人材育成上の重要ポイントであり、いずれかが劣っているようなら、その要素を伸ばせるようにサポートするのが、上司の役割として重要になります。

当然のことながら、人材を評価するにあたっても、この3要素に沿って評価することで、不足している要素は何か、伸ばすべき要素は何かが明確になり、効果的・効率的な人材育成が可能になります。

残念ながら、この3要素を数値化できるような評価システムはなかなか見当たりませんが、人材を見る際の視点としては、常に意識しておくことが肝要です。

2

社長、事業計画より採用計画を優先してください

■事業は人が創るもの

多くの社長が、事業計画の策定に強くコミットしていても、採用計画は人事部任せで、細かいところまで関わっていないのではないでしょうか。

目の前の事業をどうやって発展させるか、日々熟慮し、それを中長期の事業計画に落とし込む。1年、いや半年、もしくは四半期単位で計画の進捗を確認し、環境変化に応じて計画を見直し，改訂を行うローリングプランを策定し、役員や管理職に「必達せよ」と叱咤激励する。

経済が右肩上がりで成長していた時代は、それでよかったかもしれませんが、いまはVUCAの時代です。過去の延長線上には未来なく、1年先の市場環境すら正確な予測が難しいのに、3年後や5年後を精緻に予測して売上や利益を予算化すること

に、大きな意味はなくなりつつあります。

すでに「中長期計画などは策定しない」という企業が現れていることは、第1章でご紹介した通りです。

もちろん、事業計画そのものを否定しているわけではありません。目指す方向性としての計画はむしろ必要で、3年後こうありたい、5年後はこうなっていたいというビジョンを掲げることは重要です。しかし、そこにたどり着く道筋は、なかなか見えてこない。これがいまの時代です。


では、どうすべきか。

過去の成功体験を捨てて、積極的に新しいことにチャレンジする。

それには、チャレンジングに仕事を遂行できる人材、新たに事業を創れる人材、または、いまある事業を飛躍的に成長させられる人材、つまり「未来貢献型人材」をできるだけ早く、できるだけ多く育成することです。

事業は人が創るものです。計画さえ立てれば、ひとりでに出来上がるものではありません。ですから社長には、人に関わる仕事、人材活用・育成に時間を使っていただきたいのです。

■事業計画と採用計画が両輪で会社の未来を創る

社長がすべき「人に関わる仕事」というと、具体的に何があるでしょうか。

まずは社員一人ひとりとの対話。

それからパーパスの浸透。

そして、採用計画の策定。事業計画の策定にかけるのと同じ時間・労力、エネルギーを費やして、採用計画を策定する必要があります。つまり、未来貢献型人材を採用するための採用戦略を策定していただきたいということです。


事業計画と採用計画は、会社を発展させるための両輪です。どちらかひとつでは、会社という乗り物は、目指す方向へ正しく進めません。

しっかりとした事業計画を策定したにもかかわらず、それを実現できない中小企業は少なくありません。計画通りに事業を発展させられない会社の多くは、計画を実現できる人材が不足（人数ではありません）しているケースが多々見受けられます。

3年後、5年後を見据えた事業策定と、新しい事業の立ち上げを前提としているにもかかわらず、そこに配置する人材に関して、まったく計画性がないのです。単に、売上をこうやって伸ばそう、いまある製品をリニューアルして、新市場に投入しようといった計画があるならば、それに見合う人員計画があり、成長・発展を前提にするならば、既存の社員では追いつきません。となると、新規に採用せざるを得ない。

・どのような人材が必要か
・その人材にはどんな労働条件を提示すべきか
・当社で働く魅力はどこにあるのか
・求める人材はどこにいるのか？　どのルートで採用すべきか

など、人数を揃えるための採用計画はあっても、こういった具体的な採用戦略がないのです。

ここが是正されないと、未来の発展・成長は絵に描いた餅で終わってしまいます。

かつてピーター・ドラッカーは、「未来を予測する最良の方法は、未来を創ることだ」と言いました。これは間違いなく、VUCAの時代の箴言《しんげん》です。

御社の未来を創るのは未来貢献型人材。彼らの存在が不可欠なのです。

3

社長、積極的に採用活動に関わってください

■当社の一次面接は経営トップが面接

一般的には、企業の採用面接は何段階かに分かれますが、最初は人事担当者クラスの面談があり、次に管理職クラスの面談が1～2回あって、最後に役員や社長など経営層による面談が行われて、最終の採否が決定するという流れだと思います。もちろん、途中途中でペーパーテストや適性テストなども実施されることでしょう。

しかし当社では、一次面接を経営トップが担当しています。

二次面接では、採用後に配属される部門の部門長が、応募者の専門性や組織への適合性を確認し、そこで最終的な合否を判断しています。

応募者は、一次面接の時点で度肝を抜かれます。いきなり社長や役員の面談ですから、驚くのは当然です。しかし、ただ驚くだけではなく、採用にかけるわたしたちの

熱量、前のめりの思いを、応募者の人も感じとっていただけるようです。最終的に入社に至った応募者たちに採用面接の感想を聞くと、そういうコメントが多く寄せられています。事実、2023年6月期の応募者数は前年より170％増えました。

■採用活動への社長のコミットメントが必要

今日の採用市場、とくに大都市圏においては、就職希望者は興味関心のある複数の企業に応募します。優秀な人材は、どこの会社でも引っ張りだこです。たとえば、御社に応募した希望者は、御社のライバル会社にも応募していて、両社から採用通知を受け取った後に、どちらへ就職するかを選びます。

こうした状況は、「みらいコンサルティング」でも同じです。

人材の採用活動とは、「会社側が優秀な人材を選びとる」活動であると同時に、「就職希望者が、自らが働くに値する会社を選びとる」活動でもあります。

後者の文脈でいえば、会社は入社してほしいと思う優秀な就職希望者に自社を選んでもらうための努力をする必要があります。

わたしたちの会社で経営層が一次面接から対応しているのは、人材採用についての、会社としての取り組み姿勢をきちんと表明することが目的です。こちらが本気で採用に向き合っている、つまり人に対するコミットメントの表明にほかならないのです。

事業計画の策定と同じエネルギーで、採用計画の策定にもエネルギーを費やしてほしいという話もそうですし、採用活動に社長自身がコミットメントしてほしいという話も、同じ文脈の話です。

自社の未来に貢献してくれる可能性の高い優秀な人材を採用するためには、社長自身のコミットメントが不可欠だということなのです。

採用活動において、もうひとつ大事なポイントは、パーパスの共感・共有です。採用シーンでこれをどう確認するかについては、次項で解説します。

4

未来貢献型人材を「採用」する採用戦略

■採用基準はスキルや能力重視ではなく「パーパスへの共感度重視」へ

以前の当社の採用活動は、特定分野の専門性やスキル・能力を重視した基準設定で採否を決めていました。コンサルティング業においては、一定レベルの専門性や、高度なスキル・能力は不可欠の要素だからです。

しかし、高いスキルやナレッジ、専門性を兼ね備えた人を採用しても、数年のうちに辞めてしまう人材が後を絶たず、その離職率の高さが問題視されたこともあり、採用について抜本的に見直すことになって、今日の採用体系が整いました。

いろいろと改革しましたが、一番大きかったのは、採用基準として、スキルやナレッジ、専門性を最重要の基準にするのではなく（もちろんある程度のスキルやナレッジ、専門性は求めますが）、それ以上に「わが社のパーパスへの共感度合い」を最重要の基準として採否を見極めることにしたのです。

結論からいえば、この方向転換は大成功でした。離職率は大きく改善しました。やはり、会社の目指す方向性と、個人の目指す方向性がある程度合致していないと、どんなにスキルや知識が業務内容に適していても、その会社で働くこと自体がつらくなってしまいます。価値観の異なる人々の中で働くのは苦痛だということです。

もちろん、会社のパーパスと個人のパーパスが完全一致というケースはそうありません。しかし、大きな方向性が合致していたり、それぞれのパーパスのある部分が重なっていれば、人はがんばれるし、楽しんで仕事をすることができるものです。嫌々働くよりも、楽しみながら働いたほうがパフォーマンスは向上します。

第1章でもお話ししたように、とくにミレニアル世代やZ世代といわれる若い人たちは、社会貢献性を重視する傾向があります。会社と個人のパーパスのオーバーラップはとても重要な採用基準となり得るのです。

これからは、自社のパーパスに対する共感度合いの大きさを、採否の基準とするべきなのです。

■若手社員の面接官の評価を優先

当社では、採用動画を制作してＹｏｕＴｕｂｅチャンネルを通じて配信し、当社への就職を希望する方々に見ていただくようにしています。仕事内容はもちろん、動画を見ていただくことで、社風なども感じていただきたいという意図もあります。

この採用動画に登場しているのは、当社の若手社員です。入社間もない、これから入社しようとされる方々に近い位置にいる社員が仕事を紹介することで、応募者の求める情報を応募者に近い目線で紹介しています。

制作を担当する若手社員は、そもそも自分はどのような考えで、この会社に入社を希望し、そしてどういう判断で就職を決めたのか、また入社後、どんな仕事を担当していて、その仕事にはどんなやりがいがあり、また苦労があるのかといったことを、自分の言葉で語っています。

若手社員にこのビデオ制作を任せているのは、より応募者の目線に近いところで会社を紹介することが応募者の気持ちに寄り添った会社紹介になるだろうと考えてのことですが、同時に、若手社員自身が自分の仕事そのものや、会社について、改めて自分ごととして理解を深めるのに役立つからというのも理由のひとつです。

当社への就職を希望する応募者の方々に向けて、会社を紹介するビデオを制作するという過程を通じて、担当の若手社員は、改めて当社のパーパスと自分のパーパスがオーバーラップする部分について思いを巡らせ、自分の中で認識を新たにしたり、さらなる気づきを得られたりと、その社員自身の成長につながる、よい機会にもなっているのです。

当社は中途採用が多いのですが、そのため若手とはいっても、能力・意欲のある社員はどんどんリーダークラスに登用します。ですから、採用ビデオの制作を担当する者の中には、若手とはいっても、リーダークラスの社員もいて、そういう社員は採用の面接官を務めることもあります。

採用活動の最前線に立つことで、当社の求める人材像がより明確になっていったり、当社にふさわしい人材を見極めるポイントを経験的に体得できるようになります。そのことは、本人の成長にも大きな影響を及ぼすものです。

若手社員を様々な形で採用活動に参画させることによって、その若手社員自身が、当社のパーパスをより深く理解し、どのような貢献を果たすことが、会社のためになり、自分のためになるかということをも深く理解できるようになるのです。

当社では、一次面接で役員や社長が面接官を務めることがあるので、応募者がびっくりされることが多いという話をしました。

実は、一次面接で役員クラスが「採用したい人材」と評価しても、その後の面接で若手社員の面接官が「不採用」を決めたら、その決定が優先されます。役員がOKでも、若手がNGなら不採用ということです。逆のケースもあります。役員はNGと評価したのに、若手がOKを出したので採用に至ることもあります。

もちろん採用・不採用を決定した理由については、明確な説明を求めます。若手社員といえども、それほどに責任をもって採用活動にあたることを、会社としても求めるようにしているのです。

そうした経験は、社員自身を未来貢献型人材へと成長させる、よい糧になっていることは確かといえるでしょう。

■応募者にはパーパスの事前確認をお願いしている

前述の採用動画もそうですし、当社のコーポレートサイトでも、会社のパーパスについては、しっかりと情報発信しています。

応募者には、そうした動画を必ず見てもらうようにお願いしているということもあり、面接に臨んでいただく時点では、ほとんどの人が当社のパーパスについて一定の理解をしてくださっています。当社のパーパスに賛同いただけない方は、面接以前に辞退されます。

それでも面接では、当社と本人のパーパスが合致しているかどうかを確認するようにしています。とはいえ、応募者が明確なパーパスをもっているケースのほうが稀なので、面接ではパーパスというより、本人の想い、ありたい姿を聞いています。

もちろん、パーパスが合致する、あるいはオーバーラップする部分があるというだけで、「ではぜひ当社へ」ということにはなりません。当社に入社することで、応募者本人のパーパスを実現できる可能性があるとしても、それは当社でなければできないことなのか、当社以外のどこか別の会社でも実現できることなのかも確認します。

それは、当社を志望する強い動機であるはずで、そこが明確に答えられないようであれば、その動機が希薄だと判断せざるを得ません。

■現在貢献力ではなく未来貢献力を見る

当社では、応募者に対しては、まずは適性検査をはじめとしたいくつかのペーパーテストを受けていただいています。

現在、当社の選考にあたっては、学歴などは不問としていますが、基本的能力としての計数能力や言語力、どう働いていきたいかといった志向性については、適性検査をはじめとしたペーパーパーテストである程度の判断をしています。そこをクリアした人材に対して、何段階かの面接を経て、最終的な採否を決定します。

採用に関する基準等については、あまり詳しくは申し上げられませんが、具体例を挙げると、「自責思考が強いか」「成長意欲は強いか」「素直さはあるか」といったことなどを確認します。

未来貢献型人材の要素のところでも触れましたが、物事を自分ごと化して、何らかの問題に直面したときに、他人や環境のせいにするのではなく、きちんと内省して、自責という思考の中で問題を捉え直すことができるかどうかは、未来貢献型人材としての素養があるかどうかの判断基準のひとつとなりますので、とても重要です。成長意欲についても同様です。

さらにいえば、素直さも重要です。わたしたち「みらいコンサルティング」は、コンサルティング業務を扱っています。これはサービス業です。常にお客さまとの対話によって問題点や課題を浮き彫りにし、それらの問題点・課題についての解決策を計画・提案することが仕事です。当社の場合には、さらに、「その実行支援」というところまで踏み込んでサービスを提供しています。

こうした業務においては、たとえばクライアントの発言に対して、即座に「社長、それは違います」といった指摘をすることは、あまり褒められたことではありません。「なるほど、社長はそのようにお考えなのですね。わかりました。しかし……」と、いったんは相手の発言を受け止める姿勢が、この仕事には不可欠だと、当社では考えています。コンサルタントというものは、専門性が高いがゆえに、常に「自分がやっていることが正しい」と思い込みがちです。

しかし、常に自分が正しいと考えてしまうと、その他の周りの意見を聞けなくなりますし、そうなると、まず成長しなくなります。新しい知識や考え方をどんどん吸収していこうという成長意欲がないと、未来貢献型人材としては、素養に欠けるといわざるを得ません。

そこを測る指標としての「素直さ」はとても重要だと、わたしたち「みらいコンサルティング」では考えているのです。

■今日の採用活動の基本は選ばれる会社になること

未来貢献型人材は、いまいる社内の人材を育成していくと同時に、必要ならば社外から獲得するという方法で増やしていくことになります。

次項で説明しますが、社内人材を未来貢献型人材に育成するには、ＯＪＴを基軸にしながら、1on1ミーティングやみらい式週報（ココロの共有）を活用することが効果的です。

そして、採用にあたっては、会社のパーパスと、応募者のパーパスに共有できる部分があるかどうかをきちんと見極めた上で、未来貢献型人材の要素をどれほどもっているかで採否を判断します。

ただし、このときに注意しなくてはならないのが、会社側が応募者を審査するように、応募者も会社を審査しているということです。

会社は複数の応募者の中から、自社にふさわしい人材を選ぼうとします。そして、応募者は、自分が働くにふさわしい会社を選ぼうとしています。

多くの就職希望者は複数の会社に応募しているでしょうし、自社が採用したいと考える人材ならば、他社も採用したいと考えるはずです。複数の会社から採用通知を受け取った応募者から、最終的に選ばれる会社になれなければ、優秀な人材の採用はおぼつきません。

最終的に選ばれるためにはどうすればいいか、そのことをしっかりと考えることが、これからの採用活動の成否を分けます。

そして、選ばれる会社になるための第一歩はパーパスであり、会社のパーパスに共感してくれる人材こそが、自社の将来的な発展・成長を加速させてくれる未来貢献型人材なのです。

5

未来貢献型人材育成の考え方

■マイパーパスと会社のパーパスに重なる部分が必要

未来貢献型人材を育成していくにあたっては、未来貢献型人材を育成しやすい制度設計や運用の工夫が必要です。

それが、「マイパーパスを軸にして3つの仕組みをフル活用する」ことだと、わたしたち「みらいコンサルティング」は考えています。

マイパーパスとは、個人一人ひとりのパーパス。

3つの仕組みとは、

①1on1ミーティング（以下1on1と省略します）

②みらい式週報（ココロの共有）

③人事評価制度

この3つを基本に、必要に応じて研修などを取り入れていきます。

マイパーパスと会社のパーパスが完全に一致しないまでも、会社と個人のパーパスに共通する価値観や貢献性があるほうが、社員は成長実感をもちながら仕事に取り組むことができます。

たとえば、当社のパーパス・ステートメントの中には、

「私たちは、お客さまの『企業価値』を向上させるために、『バリューチェーン全体』に配慮し、創造的で先見性に富んだ『最適のサービス』を提供します。」

というものがあります。社員全員が〝創造的で先見性に富んだ「最適なサービス」〟を常に考えていますし、そうした観点で生み出される新しいサービスに積極的に取り組む風土があります。

こういう組織風土の職場で働き続けるのに、創意工夫を嫌い、いわれたことだけをやっているというスタンスでいたら、コミュニケーションもギクシャクしてくるでしょうし、そんな職場で働くこと自体がつらくなるでしょう。

当社では、創造的に働く、つまり新しい何かを創意工夫することを楽しめる志向性

を求めます。そうした会社の志向性（パーパス）と自身のそれが重なる部分があるかどうかはとても重要です。

そのために、会社は、自社のパーパスを社内に理解浸透させるべく尽力する必要がありますし、社員に、会社のパーパスが理解・共感され浸透していけば、働きがいが増しますし、そうなれば離職者も減ります。

とはいえ、これまで社内で「パーパス」というキーワードを使ってコミュニケーションをとったことがないのに、パーパスを共通言語として社員とコミュニケーションをとるのはハードルが高いのではないでしょうか。

社長が「わが社のパーパスはこれです」と発表し、翌日に「ところで君のマイパーパスは何だ？」といっても、社員は答えようがありません。

そんな場合には、まず「will・can・must」というフレームワークを使って、個人のキャリアプランと、会社のパーパスとのマッチ度を確認し、今後のキャリア開発の方向性などを明確にしていくことが有効です。

自分がやりたいこと（will）を明確にし、その will の達成に向けて、能力開発・スキル開発に努めて、できること（can）を増やす。そして、それは目の前の業務（must）を遂行していく中で培われていくものです。

このフレームワークの中にあるwillは、自分がやりたいことや、なりたい自分を表しており、それ自体が「マイパーパス」だといってもいいでしょう。漠然とした自分の思いをマイパーパスとして明確化し、明確化されたマイパーパス（will）の達成のために、何を身につけるべきか（can）、それを身につけるためにはいまの仕事にどう取り組むべきか（must）を明確にすることができるのが、このフレームワークなのです。

未来貢献型人材を育成するためのツールとして、有効性の高いフレームワークだといえます。以下、もう少し詳しく、「will・can・must」を見ていきましょう。

■will・can・mustを整理する

「will・can・must」はリクルート社が自社の人材育成のために生み出したコンセプトであり、社員が現状の自身の役割や能力を把握し、かつ、これから目指すものを明確にすることで、自律的に仕事に取り組み、成長につなげるためのフレームワークといわれています。今日では、多くの企業で活用されています。

人は、組織に属して仕事をしている以上、必ず課せられた役割・業務があります。たとえば、コンサルティング会社に勤めているAさんは、アシスタントとして、クライアントに提出するために、バックオフィスのDX推進に関する提案書を作成する業務についています。提案書作成がAさんのmustです。もっと俯瞰してみると、顧客企業に対する提案書・企画書作成という業務全般が、アシスタントのAさんに課せられた役割であり業務です。

企画書・提案書を作成するために、プレゼンテーション資料の作成ツールを使いこなすスキルが必要で、資料作成ツールに関する知識が不可欠です。このようなツールを使いこなすスキルや、業務に関する必要な知識があることは、Aさんができること、つまりcanです。

さらにAさんには、大きな夢、希望があります。それは近い将来、一人前の経営コンサルタントになって、多くの企業の経営改善をサポートすることです。「こういう仕事がしたい」「こんな自分になりたい」という、自分の意思で思い描く未来像こそがwillです。

人は、自分のwillの実現に向かってがんばります。そしてwillが大きなものであればあるほど、自身の能力開発は不可欠です。できること、つまりcanを増やすことが、willの実現を早めてくれることになります。

将来こうありたい。こんな仕事がしたい。そしてそのために、こんなスキルやナレッジを身につけたいと努力することは、ある意味で「未来貢献活動」です。

前にも述べましたが、若手が未来のことばかり見て足元を見ていないのは、危なっかしいことです。きちんと足元、現在貢献についても成果を出す、それがmustをこなすことです。

ここで注意が必要なのは、とくに若手社員はwillに目が行きがちで、それ自体は悪いことではありませんが、mustが置き去りになってしまうケースです。仕事である以上mustをしっかりと行い、その上でwillに取り組む必要があり、この順番が逆となると「mustを自覚せずにwillばかりを主張する社員」が生まれかねません。

みらいコンサルティングでは、will・can・mustを社員が設定していますが、あえて「must・will・can」と表記して、まずはmustを意識することを徹底しています。

またマイパーパスはwill・can・mustと連動することが望ましいものですが、あまりwill・can・mustに捉われすぎるのもよくありません。とくに若手社員はcanやmustの部分が不明確なところもあります。そのような場合は、いったんwill・can・mustを切り離してマイパーパスを設定し、そこからwill・can・mustにつなげていく手順でもいいでしょう。

もちろんmustの中にも未来貢献につながる活動もあります。たとえば、これから社会や業界がどのように進化・変化するかを学び、自分なりに解釈・整理するような自己啓発は成長に向けて重要なこととなるので、これらの活動は未来貢献活動になりますから、すべてのmustが現在貢献とは限りません。mustをより効率的に、より高いレベルで遂行するためにも、canを増やすことは重要なので、willのためだけでなく、mustのためにもcanを増やすことも大切であることはいうまでもありません。

このように、働く人には誰でも、自身のwill・can・mustがあります。そして、canとmustは、willは、マイパーパスに近いものだといえるでしょう。

その人のキャリア形成（職業人としての成長）において、かつ will の実現に向けて、とても重要な要素となるものです。

会社は、個々の社員の will・can・must を把握した上で、will の実現に向かっていけるように、must や can を方向づけられることが理想です。

その理想を実現する方策が3つの仕組みで、「1 on 1」「みらい式週報（ココロの共有）」「人事評価制度」なのです。

■人材育成を成功させるポイントは会社の求心力

人事のコンサルティングに携わっていると、経営者の方とお話しする機会が多々あります。そんな中、稀に「社員に研修を受けさせたくない」とおっしゃる社長がいらっしゃいます。

研修はとても大事です。それがないと人材はなかなか成長しません。人材が成長しなければ、会社の成長は望めません。

それなのに、なぜ研修を受けさせたくないと考えるのか問うと、なかには「成長すると、わが社を辞めてしまうのでないか心配だ」とおっしゃる社長がいるのです。

「研修を通じてスキルを向上させ、それによって社業に貢献してもらいたいという思いはあるが、そうするともっと大きな会社へ行きたいとか、もっと大きなプロジェクトをやれる会社へ行きたいとなって、せっかく育てた人材が辞めてしまうのではないか」と考えているようなのです。

しかしこの懸念については、社員の成長の機会を奪えば解消できるという問題ではありません。これは会社の求心力の問題です。社員を惹きつけておけるだけの求心力をもっているかどうかの問題です。

その求心力となり得るのが、パーパスです。

「この会社にいれば、こんな社会貢献ができる」
「この仕事を通じて、こんな人が喜んでくれる」
「こんなプロジェクトをやれる」

こう社員が思えるような魅力的な会社にすることが、社長の大きな役割のひとつですし、未来貢献型人材を育成しようと思えば、なおさらパーパスは必須です。

社員の成長を促し、社員が成長すれば、その成長に応じて、存分に能力を発揮できる会社の環境づくりを目指すようにしてください。

未来貢献型人材を育成する

3つの仕組みをフル活用

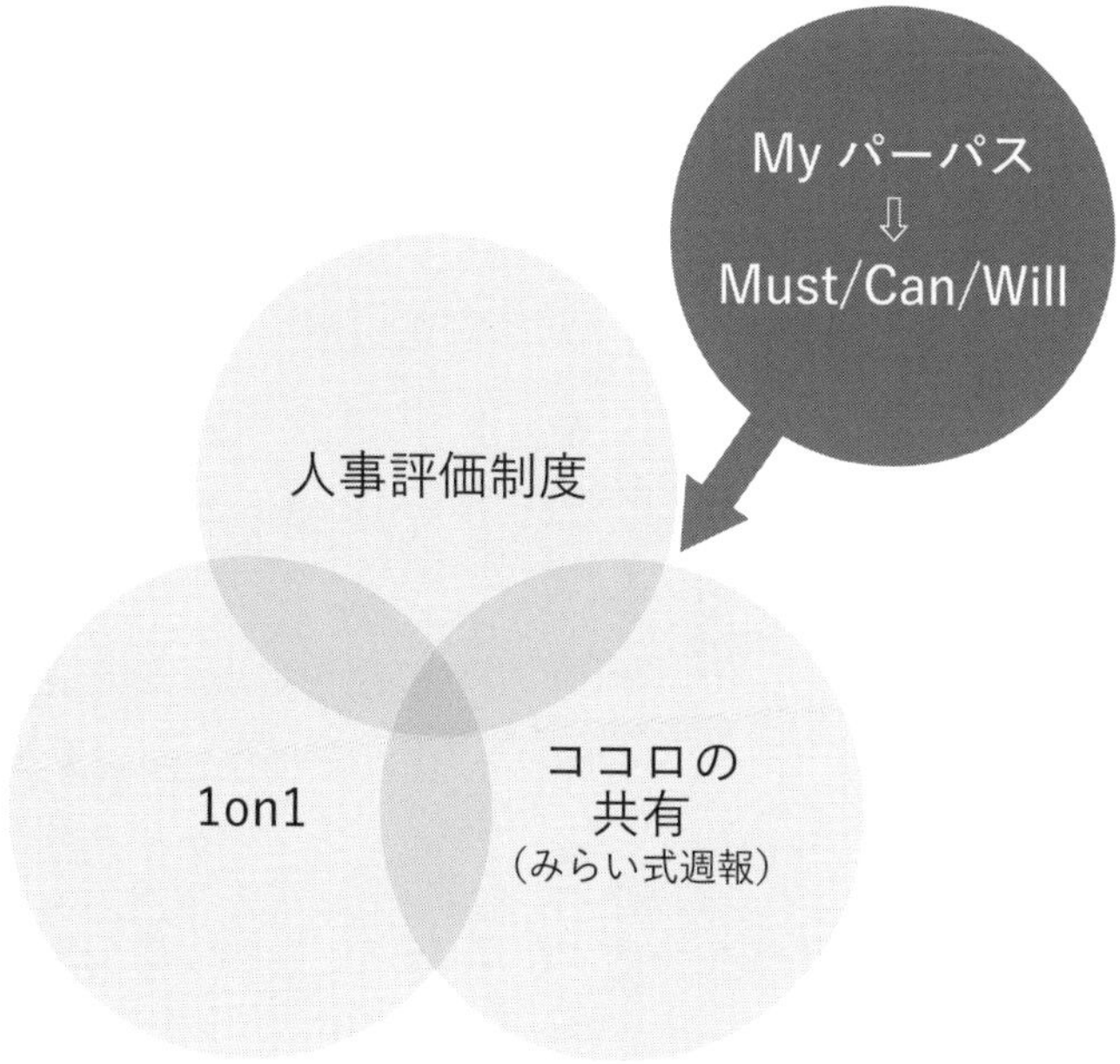

6

未来貢献型人材を「育成」する仕組み①
～1on1ミーティングを活用する～

■1on1ミーティングとは？

1on1ミーティング（以下1on1）とは、文字通り、上司と部下の1対1の個別面談です。月に1回、または週に1回、定期的に行い、上司と部下のコミュニケーションを円滑にし、信頼関係を構築し、さらにより強固なものにしていきます。

業務の遂行や進捗に関する1対1の面談とは異なり、幅広い気づきや問題解決を促し、部下のエンゲージメントと成長を促進する、人材育成のための施策のひとつです。部下のパフォーマンス向上やモチベーションの維持にも有効といわれています。

わたしたち「みらいコンサルティング」では、1on1で定期的に上司と部下が対話することで、部下の本音を引き出し、抱えている悩みや問題・課題の解決をサポートし、目指す方向性を明確にすることによって、部下自身が、〝自ら考えて行動できる自律型人材〟になるように仕向けることができると考えています。

自ら考えて行動する自律型人材であることはまさに未来貢献型人材に必要な要素です。未来貢献型人材の育成という点においても1on1は有益な手法といえます。

1on1は、もともとシリコンバレー（米国）のITベンチャー系の企業で実践されていた人材の管理・育成に関する手法のひとつで、日本では2012年頃から導入が進んだといわれています。

シリコンバレーのITベンチャーに象徴されるような成長志向の強い企業では、社員の成長とパフォーマンスの向上が経営上重視されていたからだといわれます。

また近年は、従来の階層型組織形態ではなく、全員がフラットに協力し合いながら、会社のパーパスとなっている社会貢献に向かって業務遂行するような、ティール型組織が注目を集めていますが、こうしたフラットな組織文化を志向する企業にとっても、1on1を導入することで上司と部下の距離が近くなり、社員一人ひとりの声や意見を尊重しやすい組織風土を醸成することが可能になるという点が評価されています。

1on1によって、上司と部下がフラットな立場で話し合う場が定期的に設けられることで、社員の抱える問題が解決されたり、それによって会社に対するエンゲージメントが強化されたり、そして何より社員個人の成長が促進されることが、会社にとって大きなメリットになるということが認知され始めているのです。

さらにいえば、2020年1月以降、大きな影響を及ぼしたコロナ禍が長く続いたことも1on1の活用を促進したという側面もあります。

在宅勤務というワークスタイルが普及していったことで、社員同士（同僚や上司・部下などを含めて）のコミュニケーションが希薄になりがちでした。そうした中で、リモート環境下でも社員が抱えている問題を解決に導いたり、さらには成果が出るようフィードバックしたり支援する1on1の重要性が増したのです。

■組織の「Goodサイクル」をつくるために1on1が有効な手段となる

元マサチューセッツ工科大学のダニエル・キム氏が提唱した「成功循環のモデル」というものがあります。

これは、会社などの組織を4つの「質」で捉え、それらの質が一定の流れで循環し

1on1 ミーティングにより様々な効果が期待できる

- 部下が本音で話をしてくれるようになった
- これまで知らなかった部下の想いを知ることができた
- コミュニケーションの量・質が上がった
- 部下が自ら考え行動してくれるようになった
- 社員のココロの状況が見えるようになり必要なサポートができる
- 部下の状況について役員と共有する機会が増えマネジメントの質が上がった

人材マネジメントが複雑化する中、
1on1 ミーティングにより
部下との関係の質が改善され、
部下の成長を推進することができる

ていくために、悪い循環（Bad サイクル）で回すと、成果が上がらず閉塞感が漂う組織になってしまい、逆によい循環（Good サイクル）で4つの「質」を回せれば成果が生まれるので、組織は Good サイクルを目指すべきだとするモデルです。

4つの質とは、

①関係の質　②思考の質　③行動の質　④結果の質。

関係の質が、次に続く思考の質に影響を及ぼし、思考の質が、次の行動の質に影響を及ぼし、行動の質が結果の質に影響を及ぼすというのが、この循環モデルです。

Bad サイクルでは、結果の質から始まります。

社長が社員に、あるいは上司が部下に、「どうして成果が上がらないんだ！」と責め立てる。その影響によって、社長と社員、あるいは上司と部下の関係の質が悪化します。上司は部下に「もっとがんばれ」といい、部下は部下で「上司の指示がよくないから結果が出ないのだ」と思ってしまいます。

そのため、続く思考の質もポジティブなものにはならず、「上司にやれといわれたからやるけど、どうせ成果なんて出やしない」と受け身になってしまう。ネガティブな思考に基づく行動なので、行動の質も決してよいものにはならない。自発的でもないし、積極的でもないので、成果が出るはずもない。そのため、(元に戻って)「なんで成果が出ないんだ」と上司は部下を叱責する……という悪循環に陥るのです。

一方のGoodサイクルを見てみましょう。こちらは「関係の質」からスタートします。まずは「上司と部下の関係性、人間関係の質をきちんと高めていくところからスタートさせなさい」ということです。

たとえば、上司と部下の関係性が良好で、お互いの信頼関係が醸成できていれば、上司の「何とか成果を上げる方法はないだろうか」という投げかけに対して、ポジティブに捉えて自律的に思考することができるでしょう。そうした思考の質が高まれば、おのずと行動の質も高まります。行動の質が高まれば、結果の質が高まります。つまり成果が生まれるということです。そして成果が生まれれば、それによって、関係の質もさらに向上し……、という好循環が生まれるのです。

つまり大切なのは、「関係の質」を高めること、そして、それをスタートにおくことなのです。

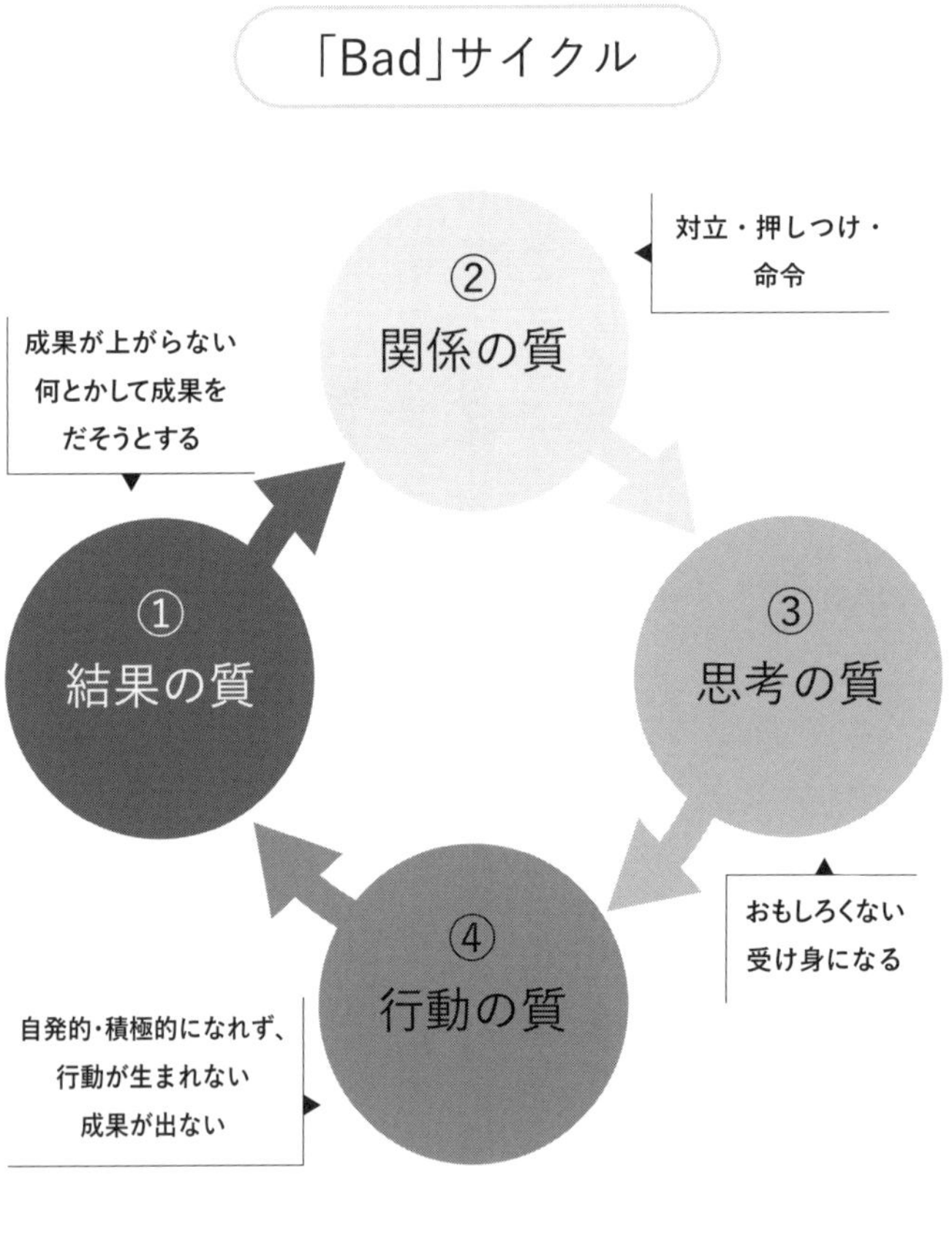
「Bad」サイクル
対立・押しつけ・
命令
②
関係の質
成果が上がらない
何とかして成果を
だそうとする
①
結果の質
③
思考の質
おもしろくない
受け身になる
④
行動の質
自発的・積極的になれず、
行動が生まれない
成果が出ない

ダニエル・キム氏が提唱した「成功循環のモデル」

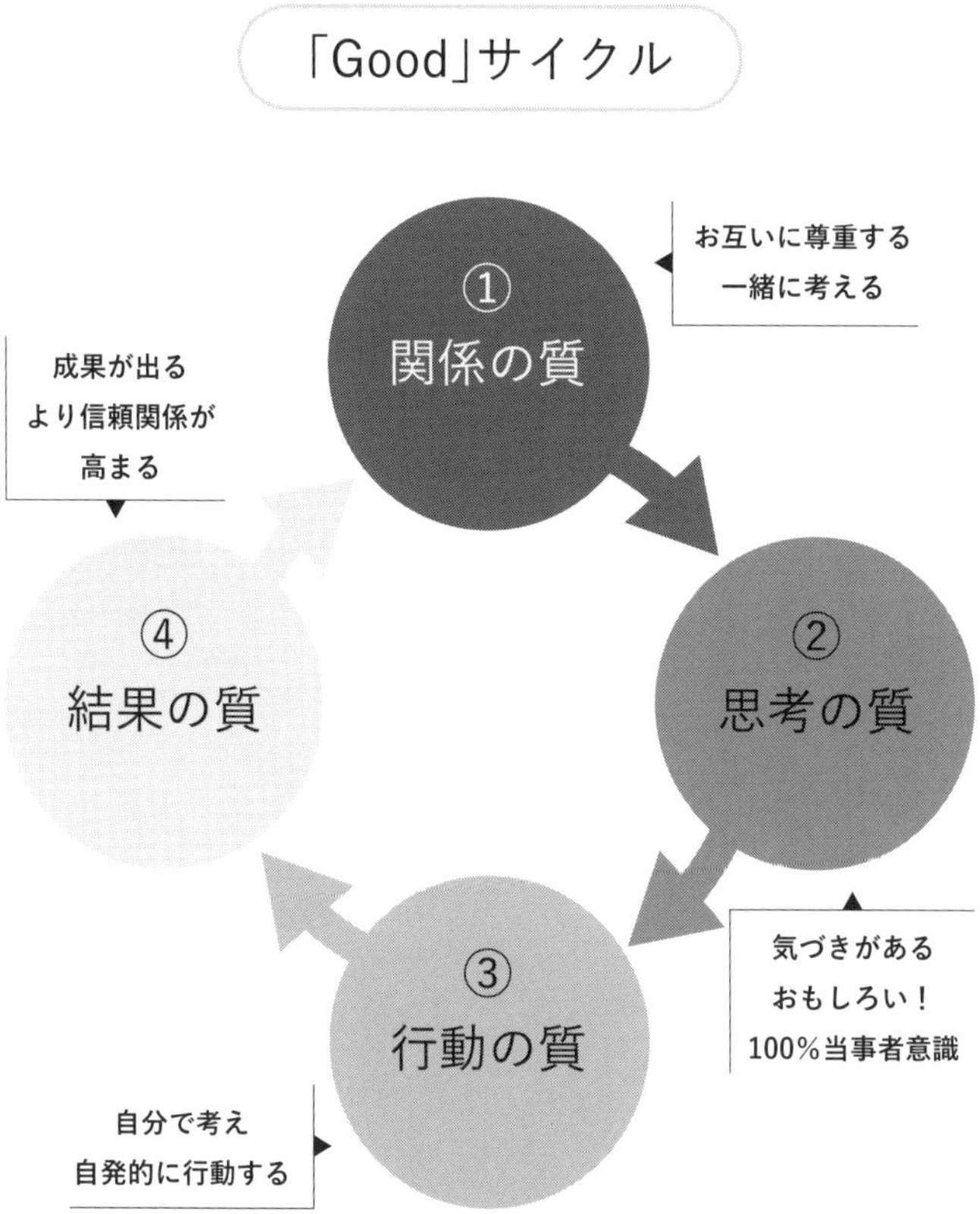

組織が持続的に成果を出し続けられるようにするためには、「関係の質」と「思考の質」を変えることが重要です。この2つを変えることができれば、その後に続く「行動の質」や「結果の質」はおのずと成果につながっていきます。

そして、それを可能にするのが1on1です。適切な1on1の実施は、上司と部下の関係の質や思考の質に影響を及ぼして、それらを高めることにつながり、それによって最終的には結果の質を高めるという成功循環につながっていくのです。

■約7割の企業で導入が進んでいるが……

1on1のメリットを理解できている企業は、その導入にも積極的です。

2022年に実施された調査（リクルートマネジメントソリューションズ2022年4月）によれば、従業員規模が3000人以上の企業においては75・7％が、100〜699人規模の企業でも57・7％が1on1を何らかの形で導入しており、調査対象企業全体でも約7割が導入しているという結果が出ています。今日ではこれほどに1on1は企業に浸透しつつあるといっても過言ではありません。

1on1 ミーティングの導入状況

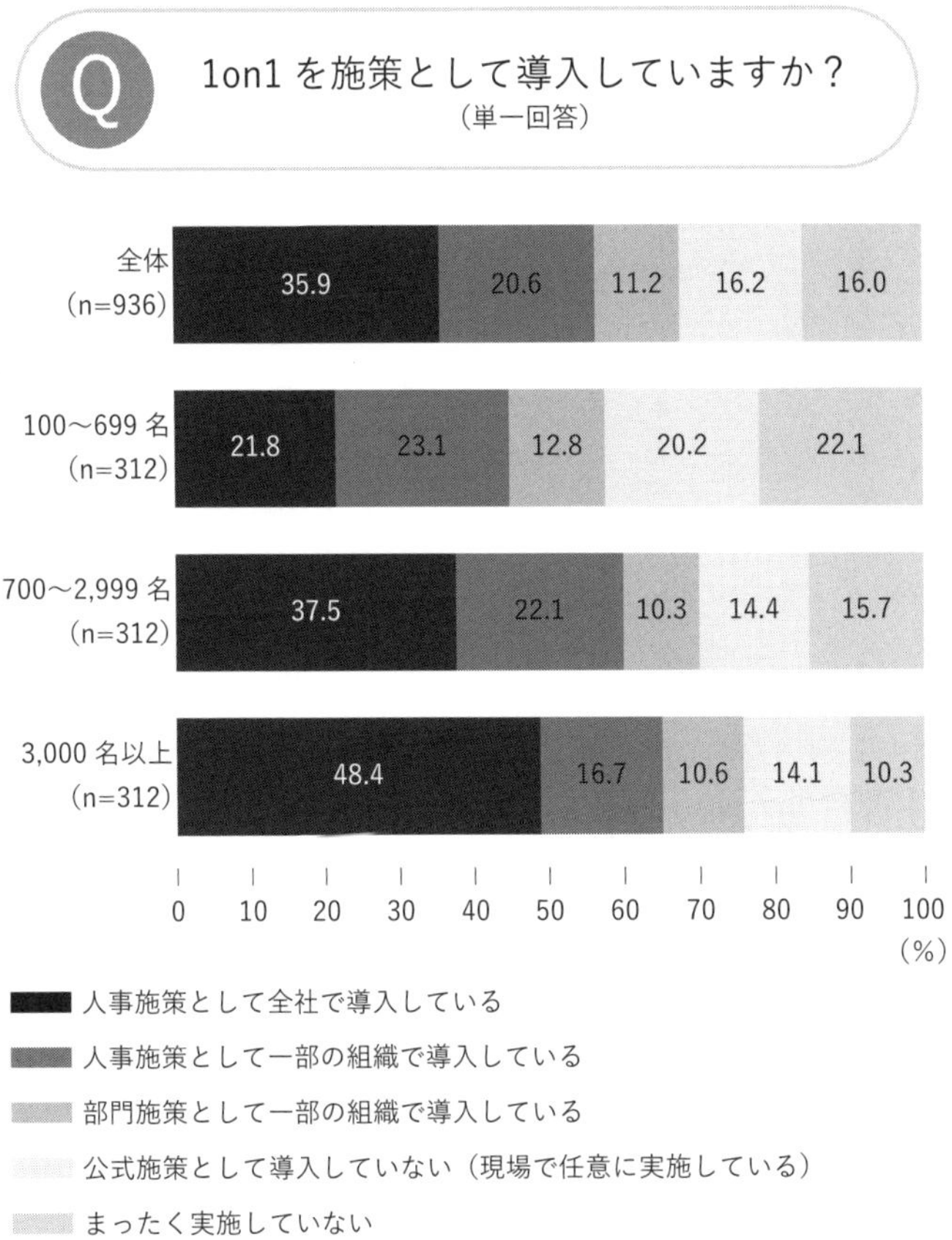

リクルートマネジメントソリューションズ
1on1ミーティング導入の実態調査　2022年4月25日

しかし一方で、（同じ調査によれば）「上司の面談スキルの不足」や、「上司側の業務的な負荷が増えた」という課題も浮き彫りになってきています。

そのため、いったんは導入したものの、その後形骸化してしまっている企業も少なからずあるようです。

とくに問題になるのは、１on１の実施にあたって事前の準備が不十分であるために「何を話せばよいかわからない」といったことです。１on１の場で、どんな話題や議題について話せばいいのかわからずに、面談時間を有意義に過ごせないという問題が起こっているのです。

互いに何を話していいのかわからない面談時間など、双方にとって苦痛以外の何物でもありません。コミュニケーションそのものがうまくいくはずもなく、結果として、相互理解も問題解決もなされず、「１on１には意味がない」といった批判だけが残ってしまうという事態にもつながっていくことがあるようです。

会社側としては、ここ数年はリモートワークが常態化したこともあって、「オンラインで１on１をやってください」と定期的な１on１の実施を制度化するものの、制度として導入するだけで、実効性を高めるための基本的なノウハウ、ドゥハウについては会社側から社員（とくに上司に対して）提供することがないのが実態のようです。

■1on1を成功させるための6つのポイント

1on1を実効性のあるものとし、成果を上げるためには、大きく次のような6つのポイントがあります。

①事前準備をする

すでに述べた通り、事前の準備をすることが大切なポイントのひとつです。あらかじめ、どんな話をするのかを想定しておけば、「何を話していいかわからない」ということはないでしょう。可能なら、事前に部下に「最近、困っていることはないか」「気になっていることは何か」といったことを投げかけて、その回答をもらっておけば、それをベースに、1on1の場でどんな話をすべきか設定することができます。

②部下の話を聴く

1on1の基本は、部下の話を聴くことです。上司の傾聴スキルが重要視されます。

傾聴とは、ただ発言を聞くのではなく、相手が伝えたいこと、話したいことをしっかりと聴いて受け止め、その相手を理解することです。相手が話しやすい環境（雰囲気）を用意し、相手の発言を遮ることなく、話してもらうことが大切です。

話したいと思っていることを全部話せれば、「聴いてもらえた（＝認められた）」と感じて、承認欲求が満たされます。

また人は話をすることで、自分の考えをまとめることができるものです。考えを整理する意味でも、話すということは大切なのです。さらに、内に秘めていたマイナスの感情が、話すことで解消されることもあります。

上司と部下との関係性で見ると、上司はすぐに答えを出してあげたくなるものですが、途中で口をはさんだりせず、どんな内容であっても、いったんは受け止めて、共感を示すことが大事です。そして、悩みごとや抱えている課題・問題について、ストレートに「こうしなさい」と答えを伝えるのではなく、「どうしたいのか」「何をしたいのか」という質問を投げかけることで、自身の気づきをもたらすことが重要です。

たとえば、部下から「組織内での人間関係がうまくいっていない」という相談を受けた場合、経験豊富な上司であればその解決方法を提示することは容易なことだと思います。ただここは、1on1として社員の成長につなげる必要があるので、まずはその背景や解決方法について部下が考え答えを出すプロセスが必要となります。上司はあくまでもその解決をサポートする立場です。

③&④承認し、質問し、気づかせる

相手を承認することはとても大切です。抱えている悩みや問題について、「なんでそんなことで悩んでいるんだ」と思うことがあっても、突っぱねるのではなく、しっかりと受け入れて承認し、その上で問題を整理できるような質問を投げかけて気づきを与えるようにしなければなりません。

たとえば、「組織内での人間関係がうまくいっていない」という相談に対しては、部下が悩んでいる状況に対して、「負荷のかかる状況だね」「それはつらい思いで仕事をしていたんだね」と受け止め（承認する）、次に質問として「なぜ、そんな状況になったんだろう？」「○○さんでできることは何だろう？」「この件で○○さんが頼れる人はいない？」といった質問をして、部下の気持ち、思考を整理して気づかせることができます。

ただ、うまく「気づき」が得られない部下もいます。「○○してみては？」「わたしだったら○○してみるかな」といったアドバイスも時には必要です。

⑤1on1を振り返る

1on1は、やりっぱなしでは効果は出ません。定期的に実施することが前提ですから、振り返りはとても重要です。

部下は部下の立場で、そして上司は上司の立場で振り返りを行い、改善点があれば、次の1on1ではそこをきちんと修正することが必要です。

たとえば「今回の1on1の感想は？」「話し合いたいことは話せたかな？」「今後に向けてどう行動していこうか？」といった質問や「わたしは○○と思ったよ」などの感想を伝えることで振り返ります。

また、1on1の終わり間際に、上司と部下が一緒に、「今日の1on1はどうだった？」と振り返りの時間をもつようにすれば、次回以降のよりよい1on1につながります。

1on1 を成功させる6つのポイント

1. 1on1 ミーティングの準備をする
2. メンバーの話を聴く
3. 承認する
4. 質問し、気づかせる
5. 1on1 ミーティングを振り返る
6. 期待し続ける

⑥期待し続ける

上司はどんな状況でも常に部下に期待を持ち続けることが肝要です。頭の中だけで期待するのではなく、言葉にして、メッセージとして相手に伝えることが重要です。たとえば「今回も○○さんと1on1できてわたしもよかった」「○○さんの課題についてはわたしもサポートするからがんばっていこう」「この調子でがんばればうまくいくから継続していこう」といった前向きな声掛けによって、部下の表情も明るくなり明日からのエネルギーになり、上司と部下の信頼関係もさらに強いものとなります。

諦めずに上司は自分の成長を期待してくれていると実感できれば、部下もちょっとした失敗などにくじけることなく、前を向くことができるのです。

■ティーチングではなくコーチングが1on1の基本

上司としては、どうしても部下に対して指導的な意見をいいたくなります。問題に直面していたら、自分の経験に基づいて、「そんなときはこうすればいい」と指導してしまったほうが楽でしょう。

ティーチング・トレーニング・コーチングの違い

種類	目的	語源・意味	答えのありか	対話・会話	思考
ティーチング	やり方をきちんとした方法で系統立てて教える	明らかにする 指し示す	こちらにある	指導する	わからない状態をわかる状態にする「現在」思考
トレーニング	行き先と速度を決めて、主体者が引っ張っていく	目的地までのレールがあり、それに乗せる	こちらにある	指導する	具体的な施策を実行する「現在」思考
コーチング	本人の望むところへ、望む形で連れていく 目標達成のサポートをする	馬車でお客さまを目的地へ運ぶ	相手にある	傾聴・承認・質問	本人の中にある未来像を明確にする

しかし、それでは自律的に仕事に取り組む未来貢献型人材の育成にはつながりません。あくまでも、自律的に考えて、自律的に行動できることが大切です。そうした人材に育成していくという目的に照らせば、問題や課題は、できるだけ自分で解決するように仕向けることが肝要です。

決して、教える（ティーチング）のではなく、目的達成をサポートする（コーチング）というスタンスを大切にしてください。

7

未来貢献型人材を「育成」する仕組み②

～「みらい式週報（ココロの共有）」を活用する～

■業務報告ではない、ココロを共有するシート「みらい式週報」

日報、週報、月報というと、定期的な業務進捗を記録し、確認・把握するというイメージが一般的だと思います。しかし、ここで解説する週報は、そうした業務進捗記録とはかなり性格を異にしたツールです。

わたしたちは社内でこの週報のことを「ココロの共有」と呼んでいますが、ここでは、「みらい式週報」と称することにします。

この週報は、1週間を単位として、社員が業務に取り組んだ際の気づきや、業務を通して感じたことを書き込みます。いわゆる業務日誌ではないので、「○月×日に、こんなことをした」といった内容は書きません。

次ページ以降で詳しく説明しますが、ここに書かれるのは、「こんなことをしたときに、自分は何を感じたか」「どんな気づきを得られたか」「それによって、どんな自己成長の糧が得られたか」といった感情・気持ちにフォーカスした内容です。

そして週報は、上司が必ず確認し、書かれていることについてのコメントを返します。さらに直属の上司だけでなく、役員や関連する他部署の上司までコメントを寄せるため、ひとりの社員の週報に対して、5名以上の役員・他部署の上司からのコメントが入ることもあります。

それによって、上司との対話も生まれます。課題にぶつかっていれば、そのことについて、上司と情報共有できますし、解決の糸口が得られたり、場合によっては1on1の際に、対面で当該課題について深掘りすることもできます。

端的にいうと、「みらい式週報」は、1週間の業務活動についての内省を促す記録シートとでもいうべきものであり、それによって、自身の成長のために何をすべきかが見えてくる成長促進ツールでもあるともいえます。かつ上司とのコミュニケーション・ツールという側面もあり、1on1との併用によって、効果的に未来貢献型人材の育成に役立つツールといえるのです。

当社では、この週報をデジタルツール化しており、システマティックに運用できるように工夫しています。

もちろん、紙のツールとして導入することもできなくはありませんが、社員が毎週記入すると（週報ですから、毎週が基本です）、年間で52シートになります。社員数が100人だとすると、年間で5200シートです。遡って、過去のシートを確認してみる必要が生じても、探し出すだけで一苦労になるかもしれません。

可能なら、システム化したほうが使い勝手もよく、より早期に効果が出るはずです。

■みらい式週報（ココロの共有）の中身

みらい式週報に社員が記入する内容は、その時々の状況に応じて質問を設定していますが、大きくは次の4つです。

①その週の充実度（感情）

1週間の業務遂行にあたって、その充実度を記録します。ここでいう充実度は極めて個人的・感情的な印象のことです。すべての業務がうまく進められたら、晴れ晴れとした気分になっているでしょうし、うまくいかないことがいくつかあったなら、どんよりとした感情になっていることでしょう。そうした気持ちを記録する欄です。

わたしたちが活用しているツールでは、お天気マークが用意されていて、社員は、その週の充実度を「晴れ」「曇り」「雨」といった5種類のお天気マークから選んで表現します。「心の天気」「心の充実度」という呼び方をしている社員もいます。

②今週の感想と思い

その週の業務活動を通じて、印象的だった出来事や、感銘を受けた誰かの発言などを、自分としてどのように受け止めたのか、感想と思いを記述します。

たとえば、「取引先の社長が自社の成長のためだけじゃなく、業界全体を盛り上げようと様々な取り組みをしていることを聞き、強く共感できたので、いままで以上に、その会社を応援したくなった」といったことを記入したりする社員もいます。何でもないようなことでも、そういうちょっとした気づきはとても大切です。

先輩と一緒に行ったプレゼンテーションで、「先輩のプレゼンがすばらしく、自分も早く、あんなプレゼンができるようになりたい」といったことでもかまいません。

こうした気づきが生まれるのは、しっかりとアンテナを張っているからで、いろいろなことにアンテナを張って、どんなことでも吸収してやろう（気づいてやろう）とするのは、「週報を書く」ということが習慣化されているからです。

最初は「何を書けばいいのか」と戸惑うかもしれませんが、継続しているうちに、戸惑いなく描けるようになります。この欄は、いってみれば、will・can・must の「must」部分における気づきや、感想・思いを記録するパートだといえます。

③今週の未来貢献活動の振り返り

ここは、ある種のチャレンジ目標的な欄です。未来貢献型人材の育成という視点でいえば、現在貢献的な活動とは別に、一定の割合で誰もが未来貢献活動に取り組むためにこの欄があります。

一般社員・中堅社員・管理職・役員など、立場によって未来貢献活動に取り組むべき割合は異なりますが、1週間というスパンで見れば、誰でも一定の未来貢献活動ができていないといけません。「未来貢献活動をする」と意識していないと、未来を意識した活動時間が少なくなってしまいます。ここでは、その取り組みについて記述します。いってみればこの欄は、will・can・mustの「will」に関するパートです。

④今週の「うまくいったこと・うまくいかなかったこと」

1週間の活動を振り返って、「うまくいっていること」「うまくいっていないこと」を記入する欄が設けられています。社員はそこにうまくいったこと、うまくいかなかったことを自由に書くことができます。

たとえば、「取引先へのプレゼンテーションで、説明の途中で何度も聞き返された。もっとハッキリと、大きな声で話せるようにならないといけない」とか、「取引先へのプレゼンテーションで、最後の質疑応答で競合製品との差別化ポイントについて説明できず、先輩に助けてもらった。競合製品についてもっと勉強しないといけない」といったことを記述します。

いってみればこの欄は、will・can・mustの「can」につながるパートです。

■経営トップが200人全社員の週報にコメントを記入

こうして週報が記入されると、その情報は上司に通知され、上司は週報の内容を確認し、社員の書き込みに適宜コメントを書き込んで、コメントを返すことができます。

また、わたしたちが活用しているデジタルツールは、直属の上司だけでなく、さらにその上の上司や役員などの経営層も、各社員の週報を確認できます。

毎週記録されていく週報を、社員ごとに時間軸をたどって確認していくと、その社員の感情の変化や、成長の過程といったものが手にとるように見えてきます。

当社では、直属の上司はもちろん、その上の管理職、さらには社長までもが、社員の週報を確認し、コメントを記入しています。

社員にしてみれば、自分の週報に経営トップからコメントが寄せられるというのは、週報というツールを通じてではありますが、経営トップと対話ができているということで、とても貴重ですし、何よりも「認められている」と実感できることでしょう。

そのことが、当社で働くことのモチベーションにもつながるでしょうし、さらなる成長の源泉になるに違いありません。

社長も社員と対話してくださいと前項でお話ししましたが、社員数がそれなりの規模になれば、全社員との1on1は難しくなってきます。しかし週報なら、何とか時間を捻出して対応することは可能です。現に当社では、200人程度の規模ではありますが、社長が全員の週報を確認して、コメントを発信しています。

全社員とつながることのできるツールとしての週報は、全社員が同じ方向（それがパーパスです）に向かって進んでいく上で、大きな役割を担うことが可能です。

■やり続けることが大切

みらい式週報の活用において、もっとも大事なのは、「ずっとやり続ける」ことだと考えています。

社員は週報と向き合うことで will を実現するために、いま、何をするべきか、must のレベルを上げるために、どんなスキルや知識を習得すべきかがわかります。

上司も、週報の記述内容をきちんと継続的に見続けることで、その人の成長が見えてくるようになります。

それがずっと続けば、未来貢献型人材の育成という観点はもちろん、現在貢献のレベルを上げていくという意味においても、必ず高い効果を発揮することができるようになるでしょう。

週報は2か月や3か月で目に見えて効果が出るというようなものではありません。半年、1年とじっくりと腰を据えて取り組むことが肝要です。

かったこと」に、上司、役員がそれぞれコメント

役員・上司コメント① A部長

誠実にお客さまに対応している○○さんの姿勢が、感謝の言葉につながったと思います。今回を自信にして、○○さんらしさを大切にしてください！

また、初めて取り組む作業はうまくいないことがあるので、今は試行錯誤の時期だと思いますが、アドバイスをもらえたことはよかったですね。

メンバーに頼ることも大事です。

役員・上司コメント② B役員

お客さまからの感謝の声は素直にうれしいね。また、その要因をしっかり考えている姿勢が素晴らしいね。

工数についてはメンバーからの意見を参考に自分なりのやり方を見つけていきましょう。

期待してますよ。

ココロの共有事例 部下の「うまくいったこと」「うまくいかな

うまくいったこと

ご支援が始まって1年のお客さまに感謝の言葉をいただけました。要因としては、お客さまに傾聴することと役務提供者側である私の見解を率直に述べることをどちらも意識しつつ、区別して行いました。

そのため、感謝の言葉に添えて「話を聞いてくれつつも会社にとって何が最適解か真剣に考えてくれたうえでアドバイスいただけている」という言葉をいただきました。

今後も傾聴するだけでなくお客さまにとって何が最適解なのかということを念頭に役務提供していきます。

うまくいかなかったこと

初めて取り組む作業を進めていく中で、いろいろな方のやり方を共有いただき、どのように進めればいいか考えていることにより、工数がかかっています。

まだ自分のやり方に自身が持てず・不安をいだいているため、経験が多いメンバーから参考資料やアドバイスをいただきました。

いただいたアドバイスの中で、自分やお客さまに合った進め方を探し、自分の中で定着化していきたいと思います。

8

未来貢献型人材を「育成」する仕組み③

～「人事評価制度」を活用する～

■人事評価制度が未来貢献型人材を育成するキー・ファクター

一般的に人事制度は、「等級制度」「評価制度」「賃金制度」の3つの制度で構成され、相互に密接につながっています。

まず等級制度によって社員の役割や責任を定義し、その役割や責任をどれだけ成し遂げたかを評価制度に基づいて評価する。そして等級制度によって決定された社員の等級と、実際の人事評価に基づいて、所定の制度に照らして賃金が設定されます。

会社は、これらの制度をバランスよく設計することで、公平性や透明性を担保し、社員のモチベーションや成果の促進を図る必要があります。

人事制度において、いずれの制度も重要ですが、人材育成という視点でいうと、とりわけ評価制度が重要なキー・ファクターとなります。

人事制度体系（等級・人事評価・賃金）相互の関係

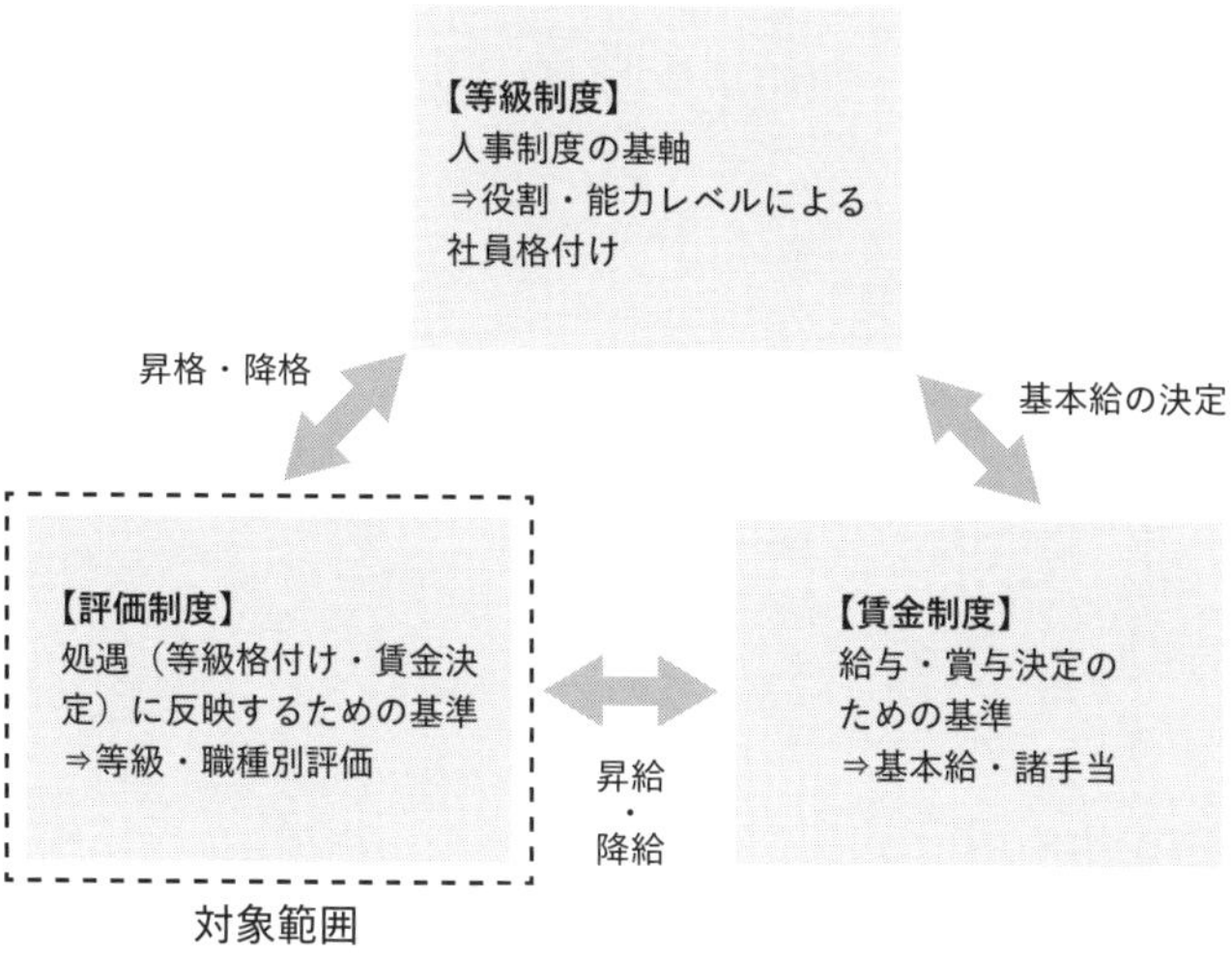

■現在貢献オンリーの評価から未来貢献を測る評価へ

一般的な人事評価制度では、過去から現在に至る貢献量を評価対象とします。今期の売上はどうだったか、どのくらいの利益貢献をしたかなどは、すべて過去貢献・現在貢献の評価です。

いうまでもなく、目の前の業績に対する貢献は大切です。しかしそれだけでは、未来の成長は担保されない時代です。だからこそ、未来貢献につながる評価を加えていくべきなのです。

たとえば「失敗を恐れずにチャ

レンジしたことがあるか」「何かしらの新規提案を行ったか」といった項目を加えて、未来貢献量を測る評価制度にすると、積極果敢に新しいことに取り組む風土を醸成できます。

結果を求めるのではなく、チャレンジするプロセスを評価するのだということを明確にすれば、失敗を恐れて萎縮してしまう社員が減り、新しいことが生み出される可能性が高まります。

現状維持を良しとせず、社業を発展させたいと考えるならば、人事評価項目の中に、未来貢献量を測る指標を取り入れることが有効なのです。

■人事評価構築の流れを理解する

人事制度の構築においては、本節の冒頭で触れたように、等級制度・評価制度、そして賃金制度の三位一体で取り組むことが大切です。

とくに人事評価制度は、毎期運用し続けるものです。設計内容に抜けがないよう、あらかじめ設計・検討すべき項目を確認する必要があります。

わたしたちの会社では、人事評価制度設定の流れを次ページのように8つのステッ

人事評価制度設定の流れ

1. 評価の構成を決定
2. 各評価項目・点数を決定
3. 評価回数を決定
4. 評価ランクを決定
5. 評価ウエイトを決定
6. 評価者を決定
7. 評価スケジュールを決定
8. 評価ランクと処遇（給与改定・賞与）

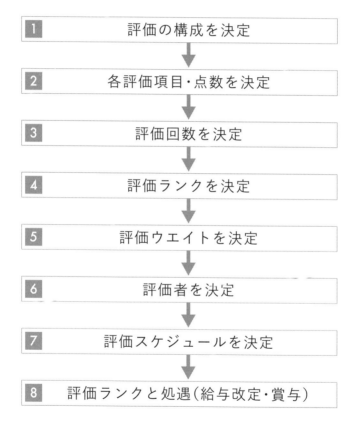

プに分けています。

この中でとくに重要なポイントは、これまでに説明してきた通り、評価項目の設定（②）、なかでも定性評価項目をどう設定するかという点にあります。

さらに評価のウエイトの決定（⑤）も重要です。とくに業績評価にウエイトを置くのか、定性評価にウエイトを置くのかのバランスも慎重に考える必要があります。

また、評価者の決定（⑥）も大切なポイントになります。通常は直属の上司が一次評価者になりますが、二次評価者をどうするのか、360度評価のような仕組みを導入して、より偏りのない評価の実現を目指すのかなどの検討も必要になるでしょう。

本書は人事制度設計の解説が目的ではないので詳述はしませんが、人事制度設計を考えているなら顧問の社会保険労務士や人事コンサルティングの専門家に相談することをお勧めします。

■未来貢献型人材の評価に欠かせない目標管理

未来貢献型人材の育成を考えたときには、目標管理制度（MBO＝Management by Objectives）の活用は重要です。目標管理制度とは、会社（属する部門など）の計画や目標に即して、社員がその計画や目標の達成に貢献できるように、自らの目標を定め、その達成に向けて取り組むことを促進するという管理手法です。このMBOをうまく活用することによって、未来貢献型人材の育成を加速させることができます。

MBOは組織の目標と、社員一人ひとりの目標を連動させることで組織との一体感を醸成でき、かつ、その達成度に応じて賃金や等級が決定されるため、客観的で公正な評価が期待されます。また、社員が目標設定する際に、必ず上司とのコミュニケーションをとることが前提で、社員が設定した目標を上司が承認するという手続きを踏みます。期待の合意が形成されるという点もメリットとなります。

MBOでは、半期ないし1期ごとに、2〜4つ程度の目標を設定します。168〜169ページのシート例のように、期初に目標を設定し、期末にその成果（達成度合い）についての自己評価・評価者評価などを経て、最終的な評価が決定します。

目標項目は、やはり売上目標や利益目標、あるいは営業活動に関わる目標としての訪問件数や、商談件数といったものが挙げられます。こうした数値目標はもちろん大

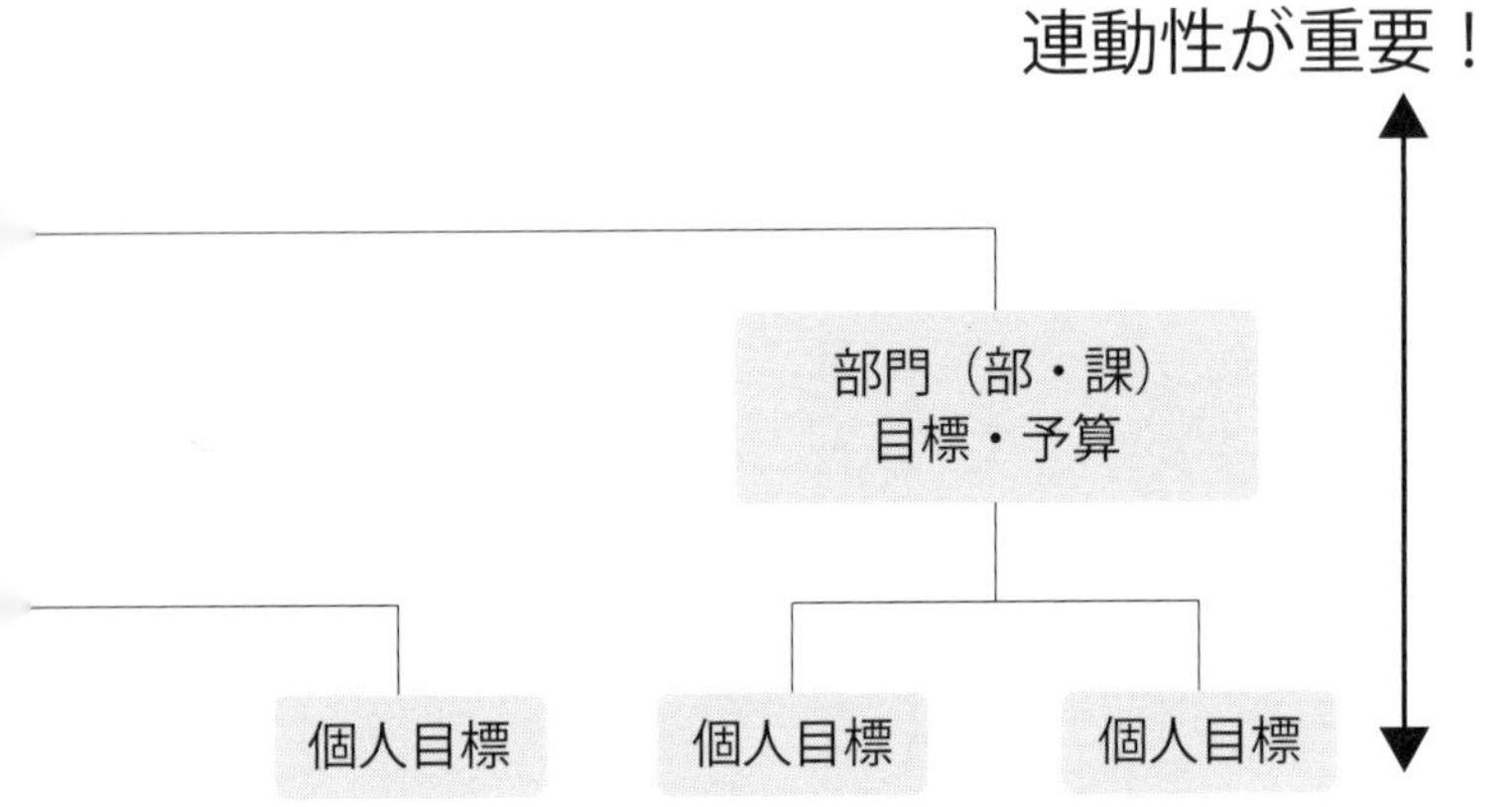

切ですが、ややもするとノルマのように捉えられ、単にプレッシャーを与えるだけになりかねません。

ですから、たとえば4つ目標を設定するなら、171ページのシート例のように2つくらいは未来貢献活動となる目標設定にすべきです。

「現状を変えるための提案件数」「既存製品の新しい市場展開に関する提案件数」や「自社の技術力を生かした、新製品開発に関する提案件数」といったものです。

毎期、必ずこうした未来貢献活動への目標を設定することで、個々人の行動が変化します。未来志向的な活動が必ず日常業務

会社・組織・個人目標の連動性

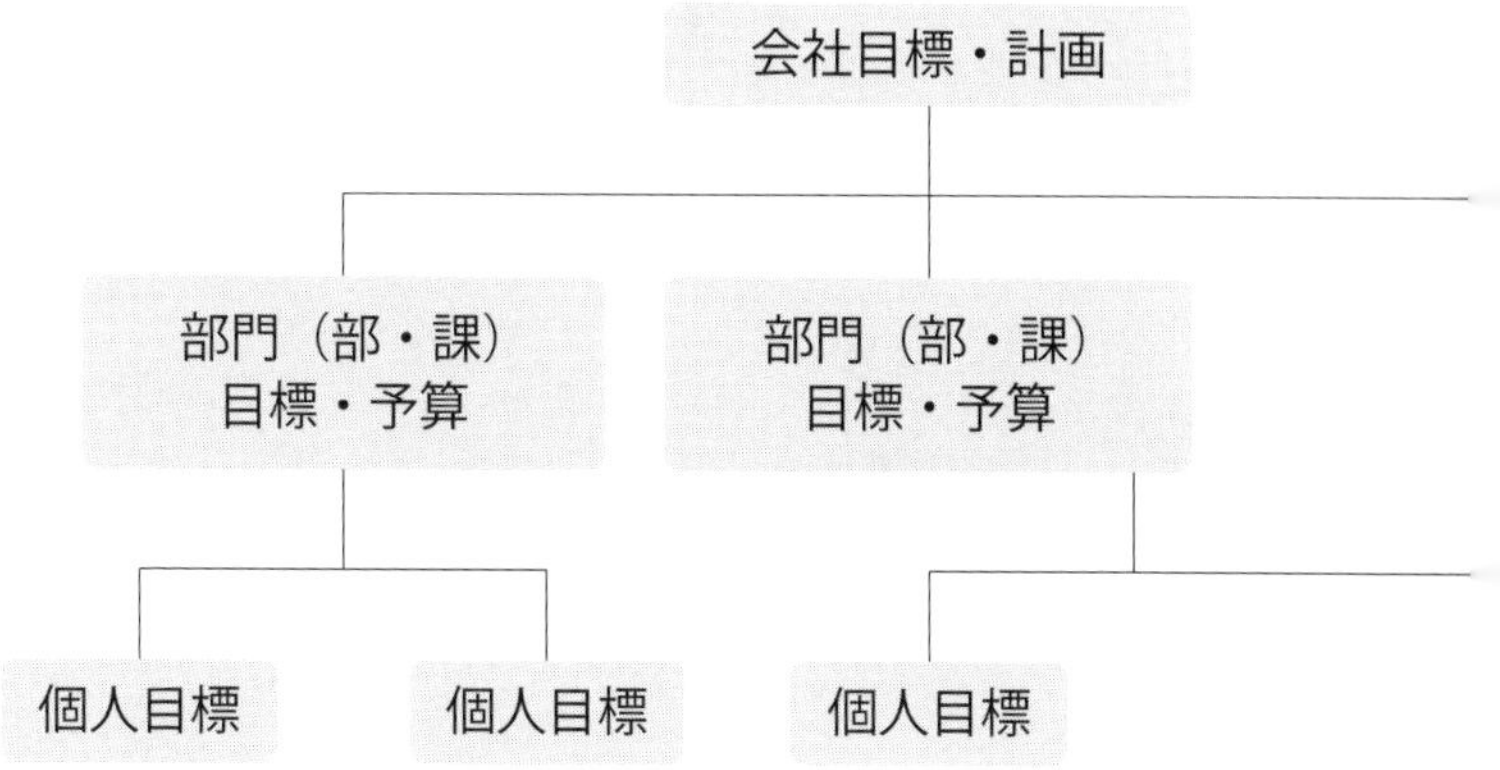

の中に入り込むようになります。

はじめは一人ひとりがやっていたことが、「あの人がやっている」「この人もやっている」となると、やがてそれが組織文化にまで昇華します。未来貢献活動に取り組むことが当たり前の会社になるということです。

■未来貢献型の目標を設定できるかどうかは会社の目標次第

未来貢献型人材の育成という視点で、MBOを有効活用するためには、社長や役員の経営層が会社の目標・計画の中に、未来につながる活動目標なり、計画なりを盛り込んで社員に明示できるかどうかが重要に

期末に入力

自己評価		1次評価		2次評価		最終評価（A×B×C）
達成度	本人コメント	達成度	1次評価者コメント	達成度：C	2次評価者コメント	
8	目標は達成できたが、まだ増加させられる余地はあった。	10	目標達成したことは評価できる。来期もこの調子でがんばってほしい。	8	まだ増加させられる余地があり、期待も込めて点数を変更した。	1.6
4	印刷コストの削減は5%にとどまった。来期は発注方法の見直しも検討する。	6	印刷コストを抑えようと努力したことは評価できる。来期は努力に加え、目標達成まで期待する。	6	1次評価者と同じ	1.4
6	月間システム不良の平均件数は4件だった。来期は0件を目指したい。	4	目標達成はしたが、開発段階で発見できたミスはまだあったと思う。	4	1次評価者と同じ	0.8
10	目標を達成でき、商談数をKPIとしたのが功を奏した。	10	難度の高い目標だったが達成でき評価できる。	10	1次評価者と同じ	3.6
						A

現在貢献の目標管理シート記入例

期初に入力

NO	目標		ウエイト：A	難易度：B
	目標（数値・具体的内容）	具体策・行動計画（いつ・何をするか）		
1	新規顧客を月に 1 社増加	週 2 回のクライアント訪問	20%	1.0
2	印刷コストを 10% 削減	カラーと白黒印刷の使い分けや印刷方法の見直し	30%	0.8
3	月間システム不良を 5 件以下に抑える	開発メンバーを増やし、開発段階でミスを発見できる仕組みを構築	20%	1.0
4	営業 1 課の粗利目標 5000 万円達成	商談数を軸にした KPI マネジメントの実施	30%	1.2
			100%	

なります。

社員の目標設定は、当然、会社の目標・計画が前提となり、かつ会社の目標・計画に基づく各部門の目標・計画にも即したものにならなければなりません。ですから、会社として、1年間なら1年間の進むべき方向性や目標が明確になっていないと、社員が目標設定を考える上での拠り所がなくなってしまいます。

社員が目標設定するにあたっては、売上目標や利益目標だけではダメで、未来につながる何らかのアクションも目標にすることが大事だといいました。当然、会社が設定する目標も、売上や利益目標だけではいけないということです。

■UVP強化という未来目標

わたしたち「みらいコンサルティング」の事例をご紹介しましょう。

当社では、UVP（Unique Value Proposition＝ユニーク・バリュー・プロポジション）を強化することを重視しています。UVPとは、お客さまに提供するわたしたちならではの製品・サービスの価値や利点のことです。

当社はコンサルティングサービスを提供していますが、わたしたちのようないわゆ

未来貢献活動目標を盛り込んだ
目標管理シート記入例

期初に入力

NO	目　標		ウエイト：A	難易度：B
	目標（数値・具体的内容）	具体策・行動計画（いつ・何をするか）		
1	月間システム不良を5件以下に抑える	開発メンバーを1名増やし毎月ミーティングを実施、○月までに開発段階でミスを発見できる仕組みを構築し、改善を繰り返す	20%	1.0
2	営業1課の粗利目標5000万円達成	商談数を前期比10％アップ、値引き数を50％削減し、利益を確保する	30%	1.2
3	営業業務のデジタル化に向けた報告書作成	情報収集や他社事例の調査のほか、ITベンダー企業との打ち合せなどにより情報収集を行い、○月までに報告書を部長へ提出	30%	1.0
4	○月に新商品の試作品を完成	D社とのプロジェクトチームを結成（当社よりメンバー3名）。プロジェクトリーダーとして、部長へ毎月、進捗報告を実施し、○月に完成する	20%	1.0
			100%	

未来貢献活動目標

るコンサルティング会社はたくさんあります。競合ひしめく中にあって、わが社独自の提供サービスの価値・利点とはどんなものなのかを明らかにし、かつそのＵＶＰを強化していくことが、当社の将来的な発展・成長の礎になると考えています。

当社が中長期的に自社のあるべき姿を考えたとき、売上目標や利益目標などと併せて「ＵＶＰの強化」を経営目標として２０２１年に発表しました。

そのＵＶＰとは、企業さま（お客さま）のあるべき姿（経営計画や経営目標）の実現支援、あるいは実行支援というものです。

コンサルティングの多くは、現状を分析・把握して、問題点・課題を洗い出し、その問題点・課題についてのソリューションを組み立てて、提案するところまでがサービスだったりします。しかし、当社のサービスは、分析して改善計画を提案するだけで完結させるのではなく、その実現・実行を支援するところまでやる、それをみらいコンサルティングのＵＶＰと位置づけたのです。

こうしたＵＶＰが、経営層から全社員に伝えられ、社員は個々に、その実現に向けて will・can・must を見直します。

とくにcanについては、実行支援のためには、どんなスキルを身につけるべきなのかを考えなければなりません。ですから個人だけでなく、自部門がＵＶＰを実現するためには、どんな研修をすべきかを考えて実施していきます。

経営層から発信されたＵＶＰに基づいて各部門の取り組みが明確になり、そこに所属する各社員の目標設定にも、必ずＵＶＰの実現に向けた未来貢献型の活動内容が盛り込まれるようになります。

もちろん、売上目標や利益目標はあります。しかし、そこにこだわりすぎることなく、「ＵＶＰのさらなる強化」という目標に向かって、全社員が目標設定するのです。まさに全社一丸となってです。

当社においては、ＵＶＰはパーパスを具現化したものだといえるでしょう。

パーパス・ステートメントは、

「私たちは、お客さまの『企業価値』を向上させるために、『バリューチェーン全体』に配慮し、創造的で先見性に富んだ『最適のサービス』を提供します。」

これは多少抽象的な表現なので、ＵＶＰは行動レベルにまでブレイクダウンしています。

「お客さまの成長を支援する」というパーパスを具現化するにはどうするか。それが「（計画するだけでなく）実行を支援しましょう」という行動につながり、実行を支援するという行動そのものが、競合にはない当社のＵＶＰだということです。

未来貢献型人材の育成には、人事評価制度が重要な役割をもちます。その一部としての目標管理制度も大切です。そして、目標管理制度を実効性のあるものにするためには売上・利益だけではない、会社として目指す未来に向けた目標設定や計画を明確に示さないといけないのです。当社の場合は、それがＵＶＰで表明されていました。各社各様の目指す未来に向けた目標設定や計画があるはずです。それをすべての社員が理解・共有できるように仕向けるのが、社長はじめ経営層の役割です。

そして、その目標・計画の実現に向けて、自分に何ができるか、何をなすべきかを主体的に考え、そしてチャレンジングに行動を起こすのが社員の役割なのです。

■目標管理はＰＤＣＡサイクルが重要

目標管理を実効性のあるものにするためには、ＰＤＣＡを回すことが重要なポイントといえます。

まず期初に、部下とコミュニケーションをとりながら目標設定を行います。お互いが納得する形で期待の合意を形成できるようにします。これが Plan です。

そして、期中には目標達成に向けた具体的な業務遂行があります。これが Do です。

さらに期末には、期中の活動を振り返って、自己評価や上司による評価が行われますが、これが文字通り Check にあたります。そして、評価者である上司も、被評価者である部下も、一連のＰＤＣをしっかりと振り返って、より精度の高い目標設定や評価につなげるという Action が不可欠です。

そして何より大事なのは、このサイクルを愚直に回し続けることです。

とくに評価は、本人への具体的なフィードバックがないと、次期に向けての目標設定にどう取り組むべきかわからなくなります。なかには、フィードバックがおろそかになって、人事評価制度自体がうまく機能していないという会社も少なくありません。

フィードバックのコツは、評価結果とその理由を説明し被評価者からの質問があれば事実をベースに説明することが基本となります。さらに、被評価者と来期以降の成長に向けて重点的に取り組むべき事項や評価者ができるサポートなどについて話し合い、来期に向かって前向きに取り組めるよう進めていきます。フィードバックにおいては上から目線ではなく、きちんと向き合う姿勢が重要です。

■定性評価項目の設定では会社のイズムを大事にする

人事評価の項目は、大きく分けて「業績評価」に関する項目と、「定性評価」に関する項目の2つがあります。

「業績評価項目」は、先ほど説明した「目標管理制度」が該当します。

もう一方の「定性評価項目」は、その人材の性質・資質、業務プロセスや仕事への取り組み姿勢などを扱います。数値化しにくい評価項目です。会社によっては、能力評価、行動評価、バリュー評価やコンピテンシー評価などと呼称するケースがあります。

いずれしろ、この定性評価では、会社が大事にしている行動や能力について評価項目とすることがポイントです。

たとえば、常に新しいことにチャレンジする企業文化を醸成・維持したいと思っているなら、「チャレンジ」という定性評価項目を設定するべきです。

定性評価項目では、その会社の〝思い〟を込めることができるし、そうすることが大切だと当社では考えています。ですから、人事制度づくりをお手伝いしている会社で、定性評価項目の設計をする際には、社長をはじめ関係者にきちんとインタビューしたり、必要なら管理職クラスの方々に集まってもらい、「自社に必要な定性評価項目は何か」についてディスカッションしていただくこともあります。そうして、その〝思い〟を引き出し、項目設定に反映させるように努めています。

ですから、未来貢献型人材を育成・活用したいと考えたら、この定性評価項目の中に、未来貢献活動を適切に評価できる項目を設定すればよいのです。

いってみれば、定性評価項目にどのようなものを設定するかによって、その会社のイズムや、目指す人材育成の方向性が見えてきます。

参考までに付け加えると、わたしたちが人事制度設計をお手伝いするケースで、未来貢献型人材の育成にフォーカスする会社においては、「チャレンジ」や「自発的行動」といったキーワードに即した定性評価項目を設定することが増えています。

■社長、御社では「人材会議」をやっていますか？

多くの会社では、営業会議や開発会議は頻繁に行っていると思います。たとえば営業会議なら、全社では月1回としても部門の中では、さらに小さい単位で毎週やっていたりするのではないでしょうか。

しかし、人材会議を定期的にやっているという会社はあまり聞いたことがありません。「人材会議」という名称を冠していなくても、月1回の役員会では、必ず人のこと、人材をテーマにディスカッションが行われるという中小企業がどれほどあるでしょうか。みらいコンサルティングの「人材会議」では、たとえば次のようなことが議題となったりします。

・未来貢献型人材候補者のピックアップや候補者の育成状況を共有する
・「みらい式週報（ココロの共有）」からの事例のピックアップ
・注視すべき社員や内容の共有と今後の対応について（Aさんの先週の週報を読むと

定性評価項目 サンプル

	定性評価項目	
①	知識・スキル	職務に必要な知識・スキルをもち品質の高い業務を提供しているか さらなるスキルアップのため、業務の深掘りや業界動向の情報収集に努めているか
②	チャレンジ	現行業務だけでなく新たな領域・難易度の高い業務に対しても積極的にチャレンジしていたか
③	自発的行動	会社・上司の指示がなくても自らの役割・業務を認識し、自発的に行動していたか
④	提案	担当業務の品質向上・付加価値の向上に向けて、具体的な提案を行っていたか
⑤	責任感	担当業務に関してトラブルの発生や困難なケースにおいても、責任感をもって最後まで対応していたか
⑥	スピード	スピード感のある対応により会社運営に貢献していたか
⑦	改善	業務効率化・品質向上のため、問題の発見や具体的な改善を実行・提案していたか
⑧	協調性	自分自身の業務だけでなく、周囲への目配り・気配りをしており、必要に応じてサポートなど、円滑な組織運営に貢献していたか
⑨	情報発信	専門的な職務から得たノウハウを経営陣や全社的に情報発信することで、円滑な会社運営に貢献していたか

元気がないようだ。リーダーに1on1をしてもらおう）
・今期の育成方針や研修内容の検討
・最近、入社した社員の状況
などなど、大きなテーマから個別社員の話まで、話題はつきません。

これからの時代は、「ヒト」という資本がいかに重要か繰り返しお話ししてきました。そして将来的な成長・発展のためには、未来貢献型人材が活躍できる会社でなければならないということも述べてきました。社長には、そのために、人に関わる時間をもっと使ってくださいとお願いしました。

営業や開発会議と同じように、人材についても役員や管理職が意見交換したり、情報交換したりできる会議の場を設けてください。名称は人材会議でなくてもかまいません。営業会議の議事のひとつに、必ず人材に関する項目を設定するということでもよいのです。

たとえば、目標管理制度を導入するということになれば、上司はそのために部下との面談をする時間が必要になりますし、場合によっては、面談のためのスキルも必要になります。人事評価のための評価者訓練も必要になるかもしれません。

1on1ミーティングを実施するとなれば、そのための時間も必要になりますし、スキルも求められます。

社長が人的資本経営に取り組むとなれば、役員や管理職はもちろん、全社員にそのための何らかの取り組みが必要になるのです。

評価制度を見直したり、新たに目標管理制度を導入したり、1on1を実施したりと、それだけの時間・労力を投資するのですから、その取り組みを実効性のあるものにしなければなりません。

人材会議を設けることも、その一環です。これまで以上に人に関わる機会や仕組みを増やすようにしていただきたいと思います。必ずや、御社の将来的な成長・発展につながっていきます。

エピローグ

未来貢献型人材育成を強力にサポートするクラウド人事評価システム「MIRAIC（ミライク）」

■なぜ、コンサルティング会社が人事システムを開発したのか？

わたしたち「みらいコンサルティング」は、幅広い業種の中堅中小企業を中心に、これまで1000社以上のお客さまに人事制度コンサルティングを提供してきました。また最近では、海外拠点（ASEAN）の日系企業への人事制度も支援するなど、海外を含めて幅広いコンサルティングを提供しています。

人事制度コンサルティングでは、人事評価制度だけでなく、等級制度・賃金制度まで設計することが一般的です。そして、こうした人事制度設計が完了した後は、お客さまが主体となって制度を運用することになります。

しかしながら、新たに導入する人事制度、とくに人事評価制度の運用においては、個人目標の設定や面談の実施、人事評価結果の調整など、きめ細かな運用が重要となってきます。人事部門の人員や経験が不足している中小企業では、自社だけで運用することが難しいというケースが多々あります。

一般的なコンサルティングでは、制度設計までで終了することも少なくないようです。しかし伴走型のコンサルティングを通じて〝生涯お客さま〟を目指しているわたしたちとしては、制度を設計するだけでなく、人事制度（とくに人事評価制度）の運用も支援する必要があると考え、運用支援までサービスの幅を広げるために、人事制度運用支援という顧問サービスを、お客さまの要望に応じて提供しています。

さて、人事評価制度を運用するうえで、まず課題となるのは、人事評価シートをEXCELや手書きで運用していることによる人事評価点数の集計などの煩雑な業務をいかに効率化するかということがひとつ。さらに、いかにして評価者と被評価者との面談を定着させるかということが、ふたつめの課題として挙げられます。この課題を解決することで、人事評価制度の運用はかなり効率化できるのです。

そこで、そのソリューションとして、既製の人事評価システムをお客さまに紹介し、導入を検討してもらっていました。

しかし、2018年ごろの人事評価システムは、大企業向けに開発されたものがほとんどで、中堅・中小企業には、導入価格が高い・不要な機能が多い・使いにくいといった反応が多く、システムの導入が見送られるケースが少なくありませんでした。

システムを導入できなければ、人事評価制度の運用は煩雑さを抱えたまま、担当者の負荷が増えるばかりで、制度運用そのものに支障を来しかねない状況のお客さまも散見される状況でした。

そのようななか、「私たち自身が中堅中小企業にあった人事評価システムを開発・提供することで、お客さまにより貢献したい」という思いが募り、社内の人事コンサルタントが中心となって、中堅中小企業に使い勝手の良い人事評価システムの開発に着手することになったのです。

２０１８年に開発に着手して以来、試行錯誤を繰り返し、お客さまに直接ご意見を伺いながら、１年６か月の開発期間を経て、19年7月、ついにみらいコンサルティングのオリジナル人事評価システム「ＭＩＲＡＩＣ」をリリースするに至りました。

■リリース後の機能追加で、人事評価だけでなく未来貢献型人材育成にも貢献

「ＭＩＲＡＩＣ」が開発されたことで、人事評価点数の集計を効率的に行えるようになり、人事部門の負担の軽減につながったり、評価者の面談の実施状況や面談内容も見える化ができるようになり、導入したお客さまからは高い評価をいただけました。

しかしその一方で、人事評価機能（集計・見える化）だけでは、人材育成という重要な要素が抜けてしまう課題も明らかになりました。

そこで、ＭＩＲＡＩＣを通じて、「未来貢献型人材を育成する仕組みを提供する」という思いから、リリース後に新機能の追加開発に着手し、21年7月に１on１、そして23年7月にココロの共有（みらい式週報）機能を実装し、あらたにリリースすることができました。

この新機能によって、「人事評価・１on１・ココロの共有」の３つの機能を有効活用できることになり、本書で説明してきた未来貢献型人材の育成が可能になったのです。

もちろん、システム的に未来貢献型人材の育成を強力にバックアップできるとはいっても、ＭＩＲＡＩＣを導入した翌日から、未来貢献型人材が誕生するわけではありません。本書で触れたように、未来貢献型人材の育成には、ある程度の期間が必要で、成長スピードの早い社員でも1年、標準的には3年程度はかかるとみています。

ＭＩＲＡＩＣ導入で、すぐに社長が期待する効果が見え始めるということはないかもしれませんが、３つの機能を1サイクルとして運用し続けることで、少しずつ未来貢献型人材の育成状況が見えるようになります。

■さらなる貢献を目指して

現在はこれらの機能を提供していますが、これからも、さらなる機能・価値の向上を目指していきます。

たとえば、毎週作成・提出する「ココロの共有」の大量データを分析・活用し、未来貢献型人材の成長度合いをタイムリーに経営者に提供できるようにすることで、経営者の人事関係における意思決定をサポートすることができるようになるでしょう。

また経営者や上司が社員のココロの変化を把握できるようになれば、社員に対して、サポートが必要なタイミングを適切に判断できるようになります。当該の社員に対してタイムリーに1on1の個別面談を実施したり、状況に応じたサポート・アドバイスを実施するなど、社員の成長を促進したり、離職を防止することにもつながるでしょう。

現在の機能にとどまらず、そうしたよりお客さまの期待を超えるような機能を開発・実装し、MIRAICは今後ますます進化していきます。

さらには、現在進めているASEANへの人事制度コンサルティング活動を通じて、人事制度はもとより、1on1など日本で導入が進んでいる優れた仕組みを海外に輸出し、海外での人事マネジメントの浸透にも努めていきたいと思っています。

もちろん、その際には、ＭＩＲＡＩＣを通じて日本式の未来貢献型人材の育成の仕組みをも導入し、人材育成の面でも海外企業に貢献できると確信しています。

コンサルティング会社が人事評価システムを提供するケースはほとんどないと思われるかもしれませんが、私たちもＶＵＣＡの時代に公認会計士・税理士・社会保険労務士などのいわゆる士業の業務だけで生き残ることに危機感を持っており、未来を見据えた新しいサービスにチャレンジする必要性を感じています。

コンサルティングを通じて、お客さまに変化・変革の重要性を説明するだけでなく、自らが失敗を恐れず新しい取り組みにチャレンジする「未来貢献活動」を行うことで、お客さまにチャレンジすることの重要性を伝えることも、わたしたちの重要な使命です。

社長、一緒に未来に向けて走っていきましょう。

著　者

【著者紹介】

岡田 烈司（おかだ・あつし）

◉――特定社会保険労務士、みらいコンサルティング株式会社代表取締役。
◉――大学卒業後、社会保険労務士法人勤務を経て、２００４年みらいコンサルティンググループ（当時：中央青山PwCコンサルティング株式会社）に入社。２００６年から、グループ法人である社会保険労務士法人みらいコンサルティングの代表社員を務める。
◉――ＩＰＯのための労務コンプライアンス体制の整備や、中堅・中小企業を中心としたバックオフィス改革コンサルティングを得意とする。指摘するだけのコンサルティングではなく、お客様の状況に応じた最適解を発見し、その「実現支援」のコンサルティングをモットーとしている。

藤崎 和彦（ふじさき・かずひこ）

◉――社会保険労務士、人事コンサルタント。
◉――中堅・中小企業を中心に給与・評価制度など、人事制度の設計から労働時間管理・人事諸規程の整備、労務制度の構築まで、人事労務全般のコンサルティング業務に従事する。お客様に寄り添った丁寧かつきめ細やかなコンサルティングには定評がある。
◉――２０１９年に人事評価システム「ミライク」を上市。株式会社みらいの人事の代表取締役に就任。

みらいコンサルティンググループ

◉――１９８７年設立。一貫して中堅・中小企業の経営をサポート。公認会計士、税理士、社会保険労務士といった専門家、および企業における経営企画経験者など、国内外の約３００人のプロフェッショナルが、日本国内はもとより、中国・ASEAN各国に進出している日本企業の健全な成長をサポート。これまでに、延べ1万社以上のサポート実績を有する。
◉――会計税務、人事労務といった専門領域のみならず、バックオフィス改革、DX、新規事業創造、SDGs 、パーパス経営といった経営テーマにも力を入れている。

社長《しゃちょう》、事業戦略《じぎょうせんりゃく》より人材戦略《じんざいせんりゃく》を優先《ゆうせん》してください！

2024年1月5日　　第1刷発行

著　者――岡田　烈司
　　　　　藤崎　和彦
発行者――齊藤　龍男
発行所――株式会社かんき出版
東京都千代田区麴町4-1-4 西脇ビル　〒102-0083
電話　営業部：03(3262)8011㈹　編集部：03(3262)8012㈹
FAX　03(3234)4421　　振替　00100-2-62304
https://kanki-pub.co.jp/
印刷所――大日本印刷株式会社

ISBN978-4-7612-1001-4 C0034